Aprende a fotografiar productos como un profesional

MARTÍ SANS

GG®

Quiero agradecer este libro a todos lo que habéis aportado vuestros consejos y aguantado mis interminables dudas. En especial, quiero dar las gracias a Xènia por todo el apoyo que me ha dado y la ayuda en la creación de algunos bodegones del libro, así como en el diseño de las ilustraciones. También a Alba y Guille, por su paciencia con mis dudas y revisiones del libro.

También me gustaría agradecer la confianza que me habéis dado todos los alumnos que habéis pasado por mis cursos y a todos los lectores que tenéis este libro en vuestras manos.

Por último, dar las gracias a la Editorial Gustavo Gili, en especial a Carme, por darme la oportunidad de escribir un libro, por su profesionalidad y su trato.

ELEMENTOS UTILIZADOS EN LOS ESQUEMAS

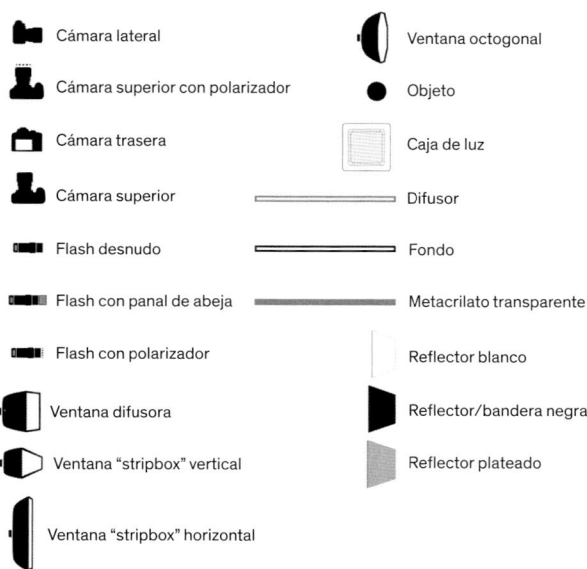

ÍNDICE

05	REFERENCIAS. LA FOTOGRAFÍA DE BODEGÓN	67	LOS BRILLOS
		70	Botellas
11	EL PROCESO CREATIVO Y LA PREPRODUCCIÓN	78	Gafas de sol
12	Idea	81	*FOCUS STACKING*
12	*Moodboard*		
14	Primeros esbozos	87	CREACIÓN DE BODEGONES CON ATREZO
16	Roles		
18	Presupuesto	88	Mochila
19	Preparación de la sesión	90	*Beauty*
20	Disparar conectado	92	Luz dura
		94	Luz cenital
23	EL EQUIPO	96	Tenis de mesa
24	Cámaras	98	Tazas
26	Objetivos		
30	Trípode	103	LA COMIDA Y LA BEBIDA
		104	Galletas
33	LA ILUMINACIÓN	106	Cóctel
34	Luz	112	Costillas
36	Luz natural		
38	Flash	117	LA POSPRODUCCIÓN
40	Luz continua	118	Gestión del color
41	Modificadores	120	Revelado de archivos
42	Reflectores	127	Preparación del archivo en Photoshop
		129	Trazados y silueteado
49	EL FONDO BLANCO	130	Limpieza de la imagen
50	Fondo continuo	131	Separación de frecuencias
52	Fondo blanco con base transparente	133	*Dodge and burn*
54	Base plana con fondo vertical	134	Licuado
56	Caja de luz	137	*Focus stacking*
61	LA POLARIZACIÓN	139	LA EXPORTACIÓN Y GESTIÓN DE ARCHIVOS
62	Polarización simple		
64	Polarización cruzada	140	Exportación
		142	Gestión del archivo

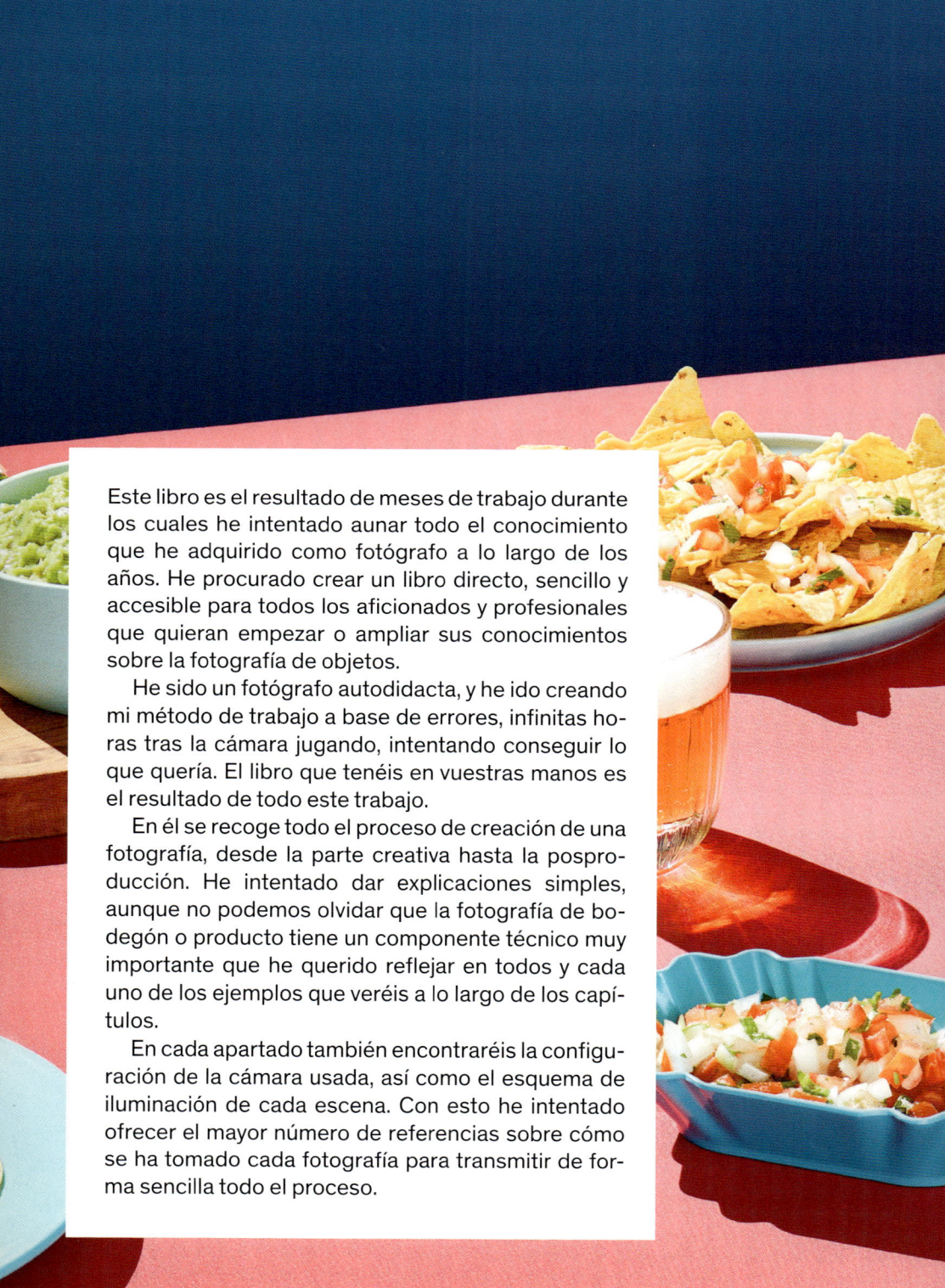

Este libro es el resultado de meses de trabajo durante los cuales he intentado aunar todo el conocimiento que he adquirido como fotógrafo a lo largo de los años. He procurado crear un libro directo, sencillo y accesible para todos los aficionados y profesionales que quieran empezar o ampliar sus conocimientos sobre la fotografía de objetos.

    He sido un fotógrafo autodidacta, y he ido creando mi método de trabajo a base de errores, infinitas horas tras la cámara jugando, intentando conseguir lo que quería. El libro que tenéis en vuestras manos es el resultado de todo este trabajo.

    En él se recoge todo el proceso de creación de una fotografía, desde la parte creativa hasta la posproducción. He intentado dar explicaciones simples, aunque no podemos olvidar que la fotografía de bodegón o producto tiene un componente técnico muy importante que he querido reflejar en todos y cada uno de los ejemplos que veréis a lo largo de los capítulos.

    En cada apartado también encontraréis la configuración de la cámara usada, así como el esquema de iluminación de cada escena. Con esto he intentado ofrecer el mayor número de referencias sobre cómo se ha tomado cada fotografía para transmitir de forma sencilla todo el proceso.

REFERENCIAS. LA FOTOGRAFÍA DE BODEGÓN

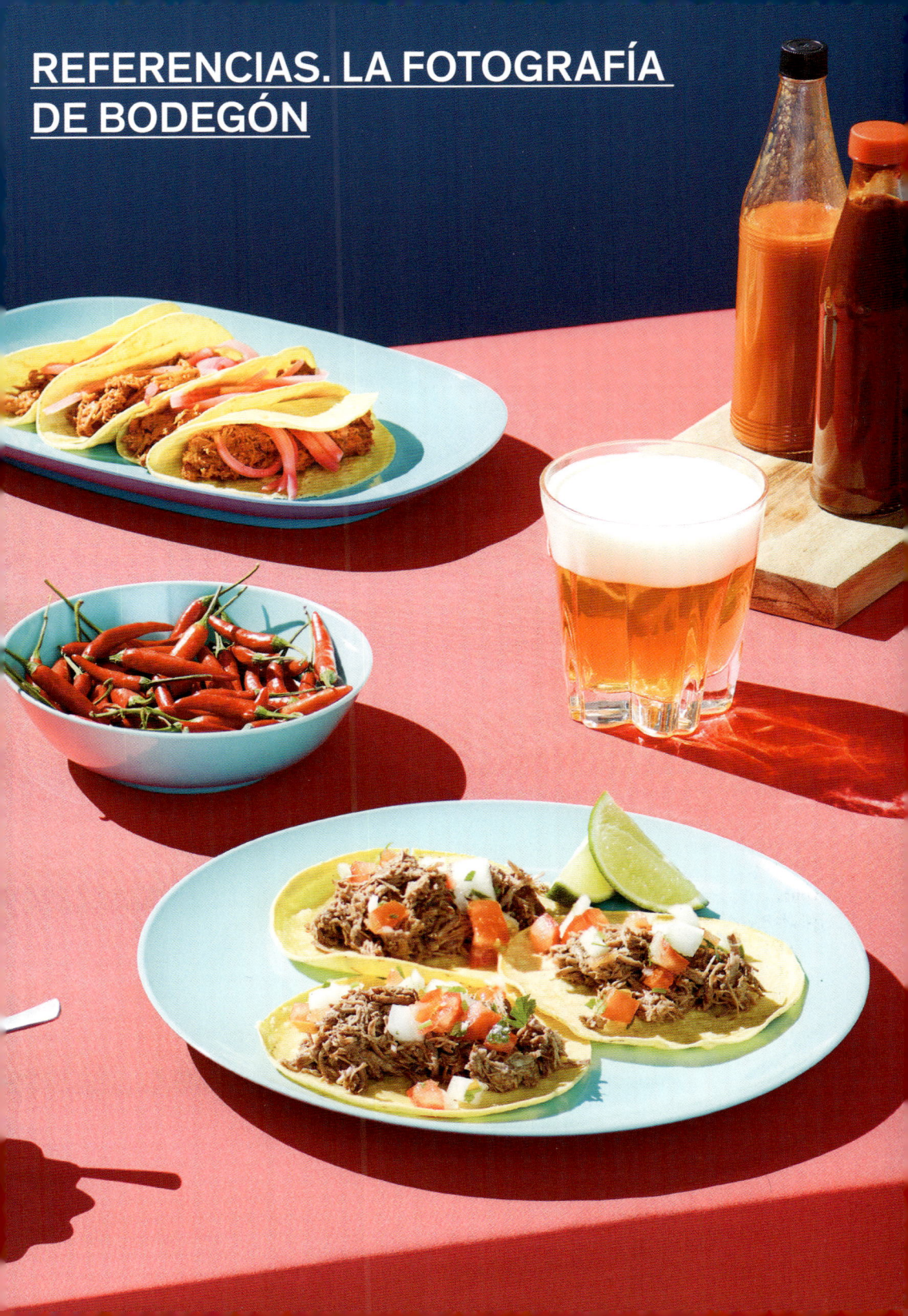

La fotografía de bodegón es una composición de uno o más elementos inanimados que ha existido desde los inicios de este arte y, antes, en la pintura. En la mayoría de las épocas, encontramos ejemplos de bodegones de temática variada, aunque con protagonismo de los alimentos y las flores.

Muchos grandes pintores han realizado bodegones, desde Velázquez hasta Van Gogh. A finales de la Edad Media y al principio del Renacimiento, los bodegones ganaron profundidad y realismo tanto en su forma como en la representación de la luz. Artistas como Pieter Aertsen o, más tarde, Francisco de Zurbarán son buenos ejemplos que muestran esta evolución. En la obra de Zurbarán hay un dominio de la luz, que él plasma de forma magistral en sus pinturas. Podéis verlo en el magnífico bodegón de *Agnus Dei.* En él muestra un cordero sobre una superficie gris, y usa una iluminación precisa que crea volúmenes y un fondo muy oscuro que destaca el motivo principal.

Francisco de Zurbarán, *Agnus Dei*, 1635-1640.

En el siglo XVIII, Jean-Baptiste Oudry, pintor de caza oficial del rey de Francia, pintó bodegones de piezas de caza y carne con las que conseguía crear atmósferas sobrias, minuciosas y muy actuales. Jean Siméon Chardin, coetáneo de Oudry, pintó una serie de bodegones usando objetos cotidianos, con luces suaves y en un ambiente sencillo. En sus obras, encontramos jarrones de flores, mesas, instrumentos o algunos alimentos.

En el siglo XIX, los bodegones perdieron exactitud y realismo para ganar intensidad emocional usando la forma del trazo del pincel junto con paletas de colores que buscaban representar más un estado de ánimo que la realidad. Un buen ejemplo de esto son los archifamosos cuadros de los girasoles de Van Gogh, en los que, con una paleta de ocres, amarillos y naranjas, y pinceladas cortas y agresivas, crea unos cuadros de gran vivacidad e intensidad.

Los primeros bodegones fotográficos son de la época de la invención de la fotografía. El primero lo realizó Nicéphore Niépce, la fotografía de una mesa lista para comer. En esa época se necesitaban largos tiempos de exposición, y los bodegones y naturalezas muertas eran una buena opción para hacer experimentos. Años después de la foto de Niépce, encontramos ejemplos de bodegones como *Bodegón con fruta y decantador*, de Roger Fenton, o el libro de fotografías de flores *Fleurs photographiées*, de Adolphe Braun.

Roger Fenton, *Bodegón con fruta y decantador*, 1860.

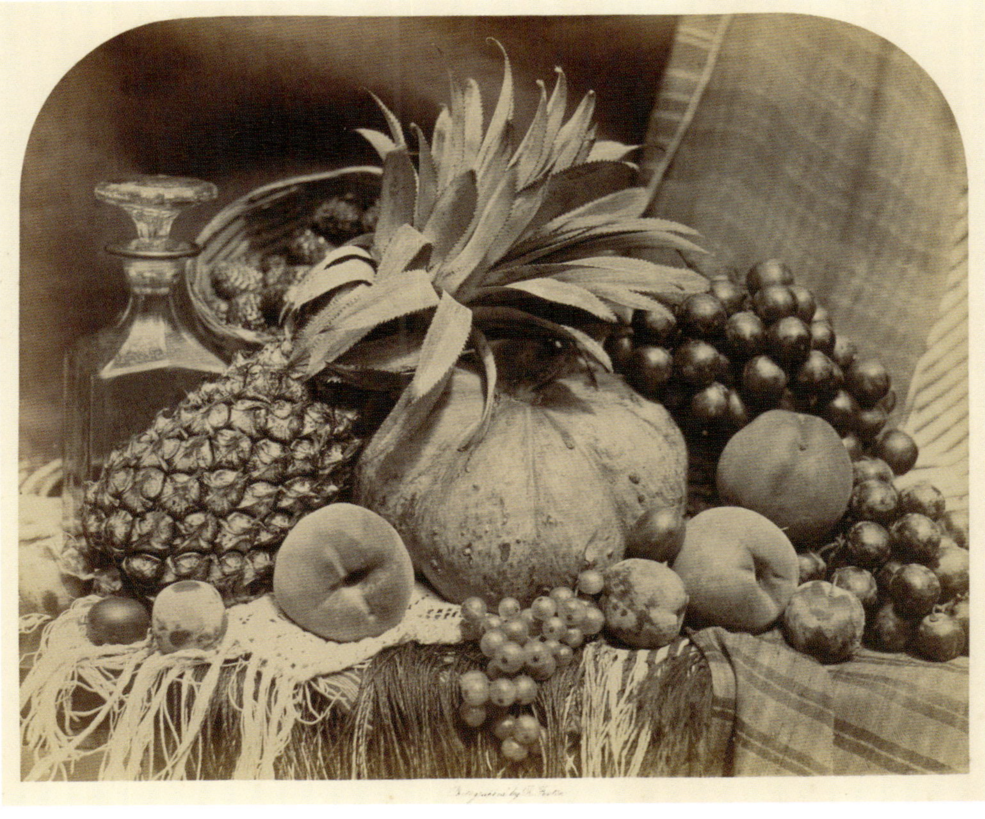

REFERENCIAS. LA FOTOGRAFÍA DE BODEGÓN

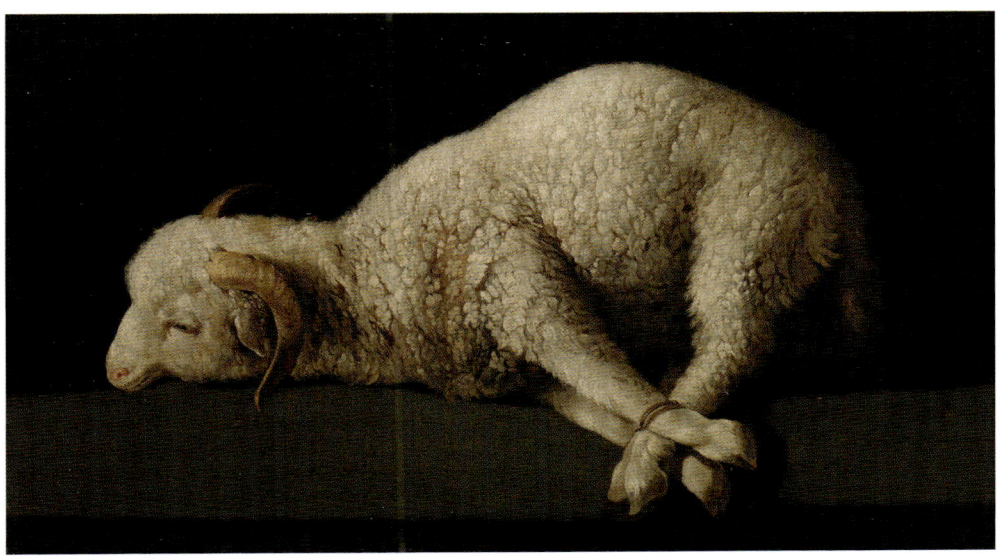

Ya entrado el siglo XX, el estadounidense Edward Weston creó increíbles fotografías de conchas, verduras y sus conocidísimos pimientos. El dominio de la luz junto con el blanco y negro le permitieron conseguir unas texturas y contornos mágicos y brillantes. De la misma época es el fotógrafo alemán Albert Renger Patzsch, máximo exponente del movimiento artístico Nueva Objetividad. Su trabajo en los bodegones jugando con las repeticiones de objetos y luces duras es realmente impresionante y vale la pena profundizar en su obra para descubrir un estilo limpio y claro.

Saltando algunos años, uno de mis fotógrafos favoritos es Irving Penn, famoso por sus retratos y por su faceta como fotógrafo de bodegón. Su obra transpira fuerza e impacta. Sombras, brillos y color definen la mayoría de sus fotografías, creaciones minuciosamente cuidadas y estudiadas.

Conocer, ver y disfrutar de la fotografía es básico para ser fotógrafo. En la actualidad existen muchísimos fotógrafos que hacen un trabajo innovador y hacen avanzar la estética hacia nuevos estadios. Vale la pena visitar galerías, museos y ferias.

Maurizio di Iorio, *Favorite Bars*, 2016.

Si no sabéis por dónde empezar, aquí tenéis una breve lista de mis artistas favoritos, en la que encontraréis diferentes estilos que van desde la pintura flamenca del siglo XVI hasta fotógrafos que siguen trabajando en la actualidad:

_ Joachim Beuckelaer (s. XVI)
_ Francisco de Zurbarán (s. XVII)
_ Jean-Baptiste Oudry (s. XVIII)
_ Edward Weston (s. XX)
_ Irving Penn (s. XX)
_ Chema Madoz
_ Maurizio di Iorio
_ Ori Gersht

REFERENCIAS. LA FOTOGRAFÍA DE BODEGÓN

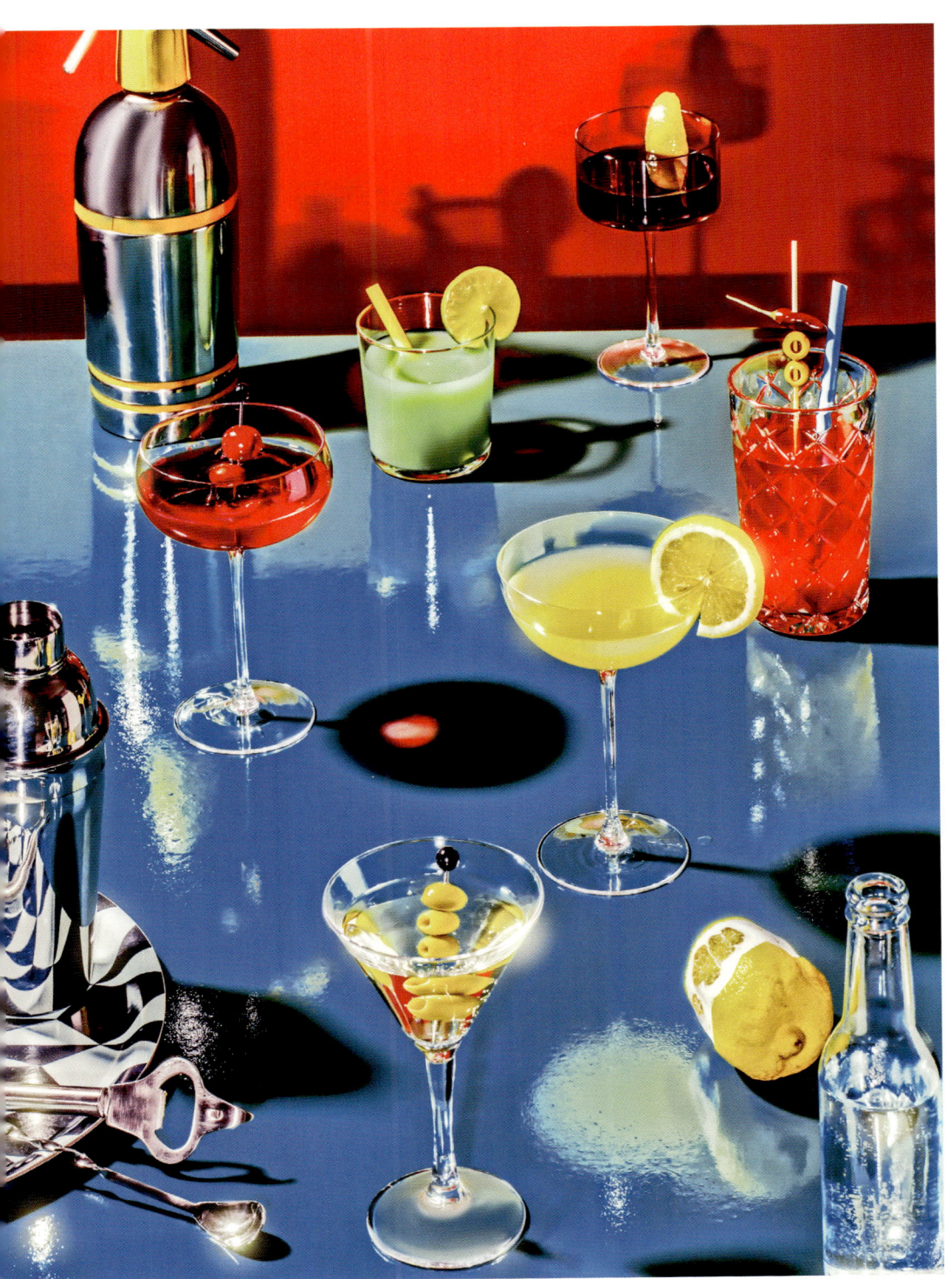

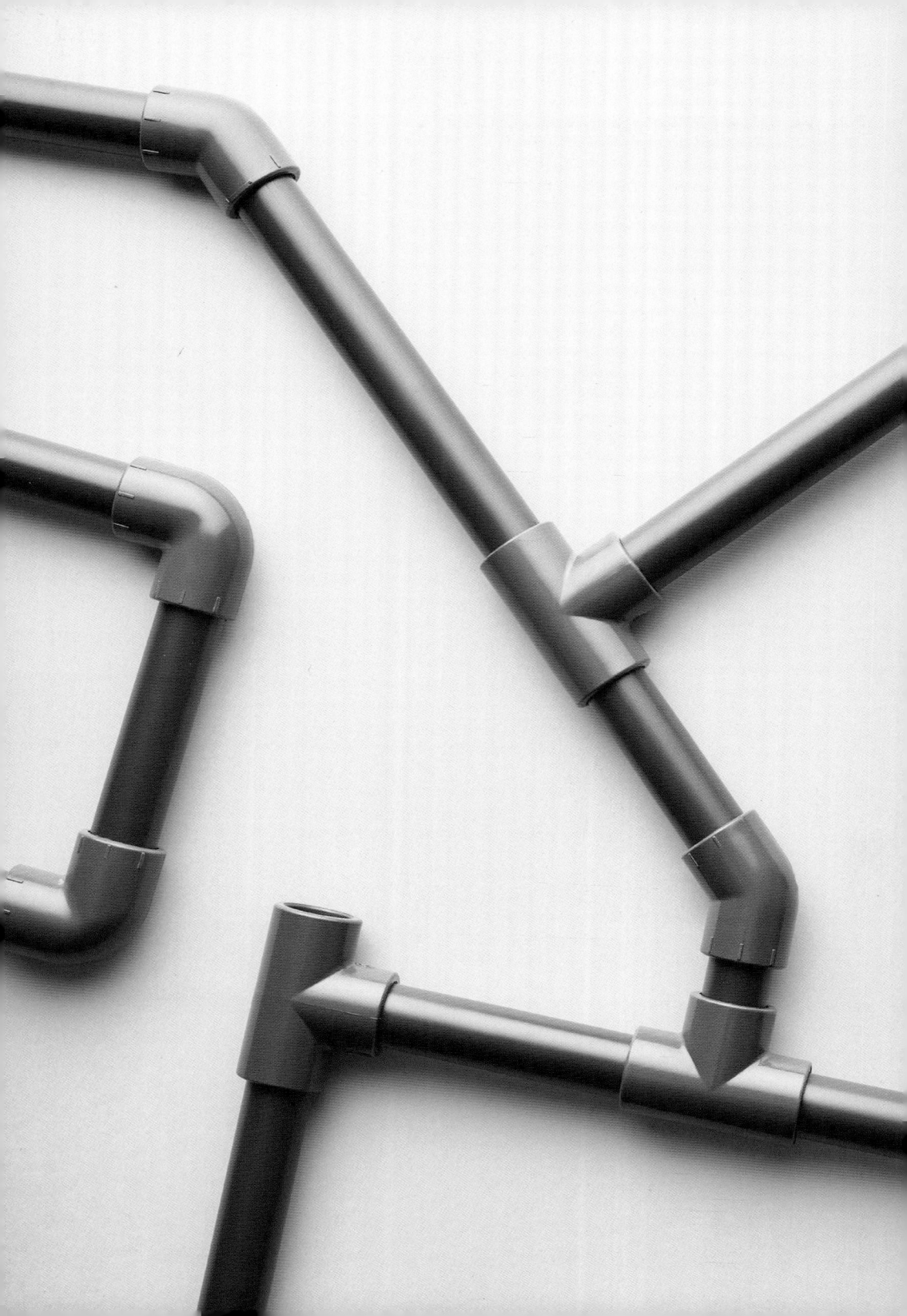

EL PROCESO CREATIVO Y LA PREPRODUCCIÓN

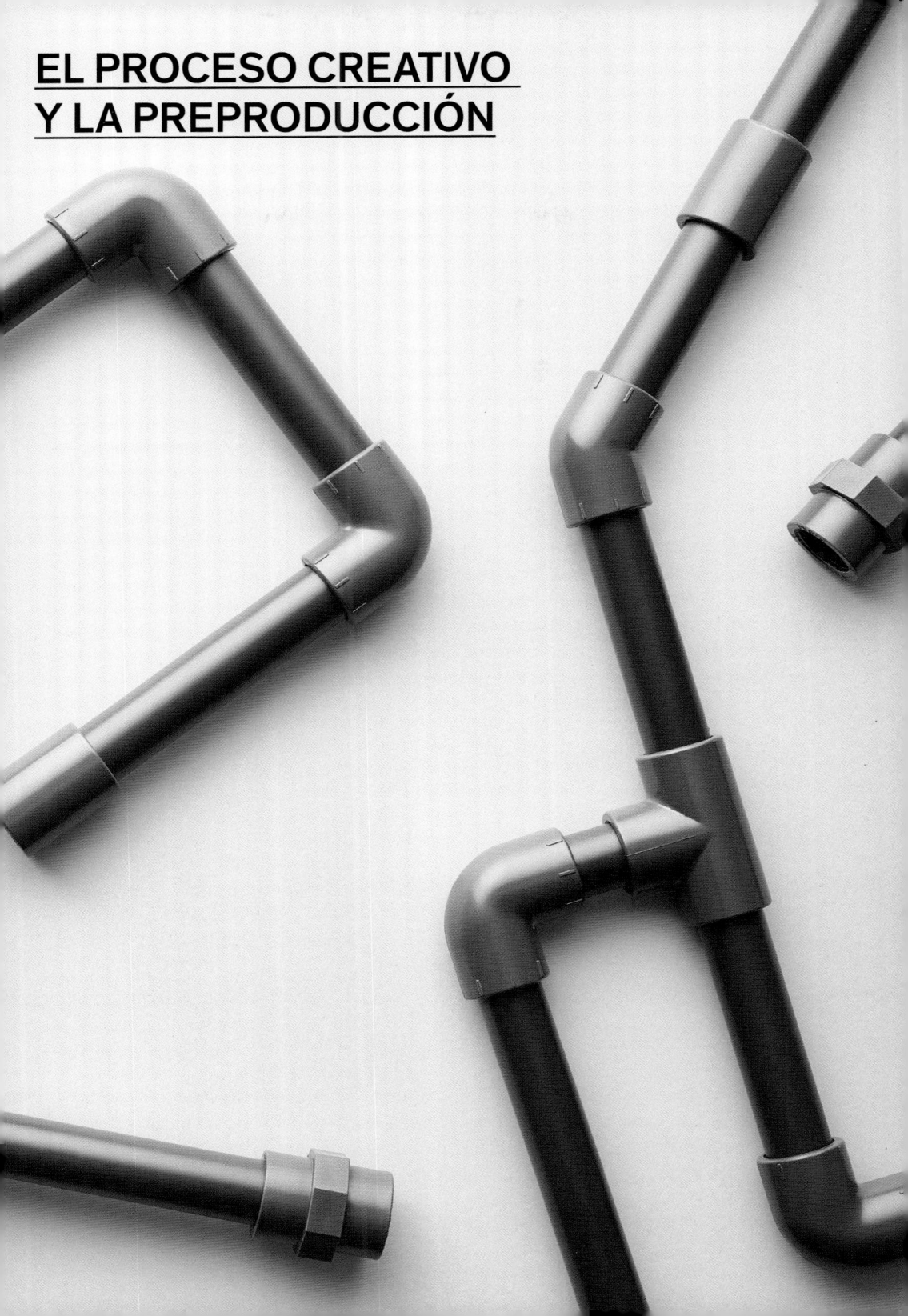

IDEA

Si hablamos de un proyecto personal, solemos tener la libertad absoluta de decidir qué y cómo lo vamos a plantear. Si el proyecto es el encargo de un cliente, es otro tema, ya que, a menudo, la agencia o cliente tienen la idea parcial o totalmente desarrollada, y el rol del fotógrafo es conseguir lo que ellos buscan.

En este apartado vamos a centrarnos en el proceso de desarrollo de una idea. Por otro lado, hay muchísimos caminos para trabajar una idea, así que os ofrezco un sistema metódico y funcional del que podéis extraer ideas y adaptarlo a vuestro flujo de trabajo.

Fotografía para la campaña de una marca de vino en la que se juega con los diferentes elementos de la nota de cata del vino.

Imaginemos que estamos tomando una fotografía para una nueva marca de cerveza. Esta cerveza la fabrica, en una pequeña cervecería de la ciudad, un equipo joven que busca la calidad por encima de todo.

Lo primero que hago siempre es resumir las claves de un proyecto en frases. Tener claro cómo se define la empresa o cómo define su producto es básico para realizar un buen trabajo. Intento resumir al máximo las ideas que debería transmitir una fotografía jugando con la luz, el atrezo, etc. En el caso de la cerveza, un buen resumen podría ser este:

_ Producto de proximidad, cercano
_ Artesano
_ Joven
_ Busca volver a los orígenes

Con esto podemos empezar a imaginarnos cómo serán las fotografías. Buscaremos un estilo natural, con elementos tipo madera, vasos o copas que no sean demasiado exclusivas, etc. Al ser una cerveza local, intentaremos que transmita el ambiente de la ciudad y su luz.

MOODBOARD

El *moodboard* o *concept board* es un conjunto de referencias sobre un tema concreto. El *concept board* ofrece la posibilidad de unir imágenes, dibujos y otras referencias que nos permitan definir un poco más las fotografías que tenemos en la cabeza.

EL PROCESO CREATIVO Y LA PREPRODUCCIÓN

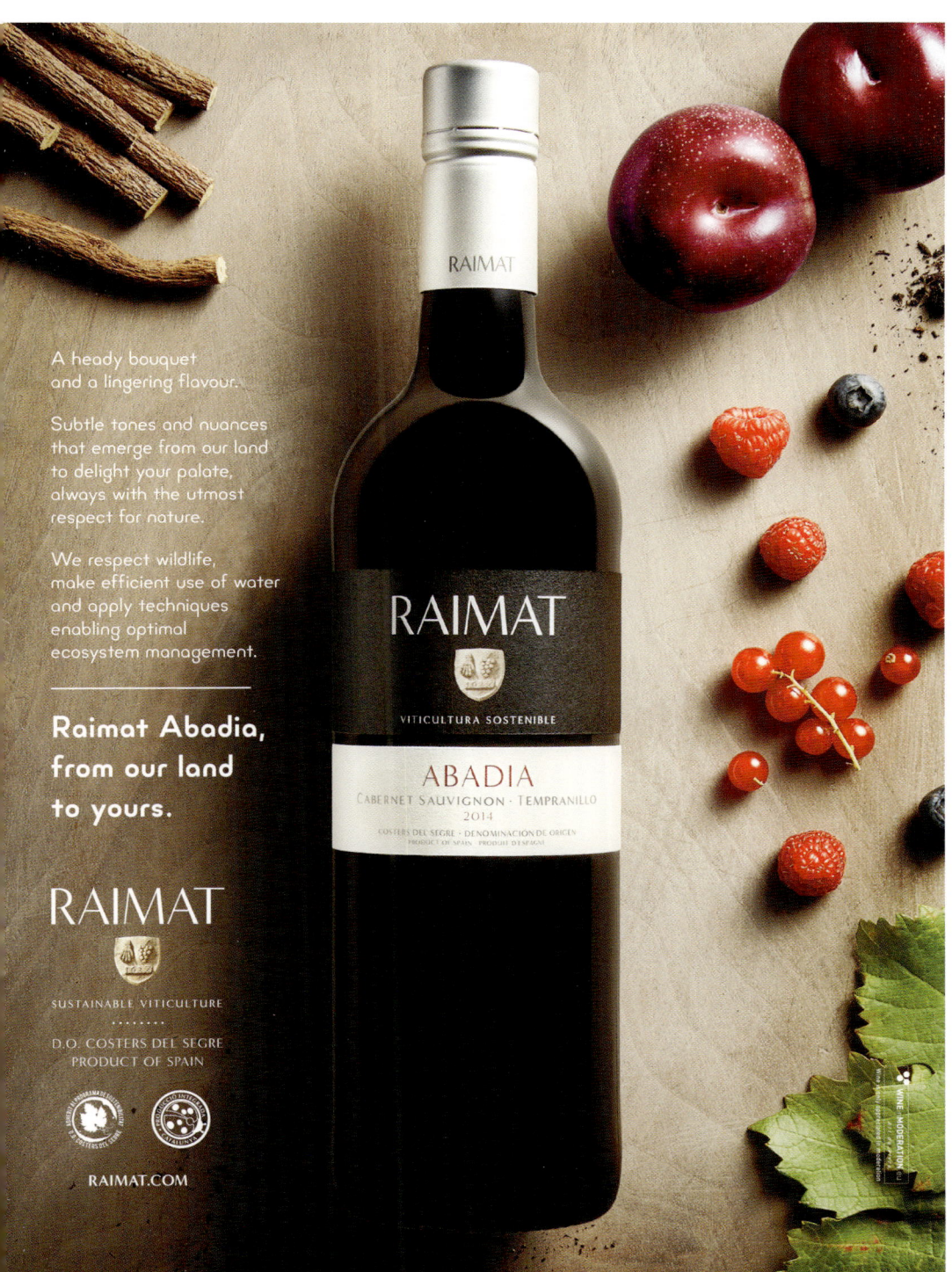

En mi caso, suelo crear *moodboards* buscando por internet imágenes que me ayuden a construir y definir mis fotografías. Por ejemplo, nos pueden valer fotografías en las que nos guste la luz, aunque no tengan nada que ver con el producto o con los elementos que vayamos a fotografiar. Al contrario, también nos pueden servir para empezar a definir algunos elementos que van a aparecer en la imagen, aunque el ambiente no sea el adecuado ni similar a lo que queramos transmitir.

Lo completo que sea un *moodboard* dependerá del proyecto, ya que, en algunos casos, con tres o cuatro fotografías podemos tener suficiente información para ponernos en marcha, pero, en otros, podemos necesitar varias páginas de referencias.

Ejemplo de un *moodboard* con referencias al tipo de luz y a los elementos que se usarán.

El *moodboard* no es imprescindible para realizar un buen trabajo y, en ocasiones, no busco referencias ni creo un documento. Es un recurso interesante que nos puede ayudar cuando no tenemos muy claro cómo enfocar un proyecto.

Por último, el *moodboard* puede ser de uso interno para tener claro por dónde tirar, o bien compartirse con el cliente/agencia para verificar que todos vemos el proyecto de la misma manera.

PRIMEROS ESBOZOS

Otro elemento que nos puede ayudar a definir nuestra imagen es realizar dibujos o esbozos. Me encanta preparar esbozos para hacerme una representación clara de lo que me gustaría que fuera mi fotografía. Me ayuda a ver si la composición estará compensada y determinar, a grandes rasgos, la iluminación que voy a usar.

A veces, en proyectos complejos, tomo fotografías de test para analizar posibles problemas con los que me puedo encontrar en la sesión, como iluminar materiales complejos, composiciones, etc. o para enseñar a la agencia o al cliente una muestra de la iluminación o del atrezo.

Comparativa entre un esbozo y el resultado final.

Si comparamos el esbozo con la fotografía final nos daremos cuenta de que son similares, aunque se ha ajustado la posición de algunos elementos, una de las tabletas está partida y se ha añadido color a la base de fondo. En este ejemplo podemos ver que el cambio entre esbozo y fotografía ha sido pequeño, pero no siempre es así. A menudo, el esbozo

EL PROCESO CREATIVO Y LA PREPRODUCCIÓN

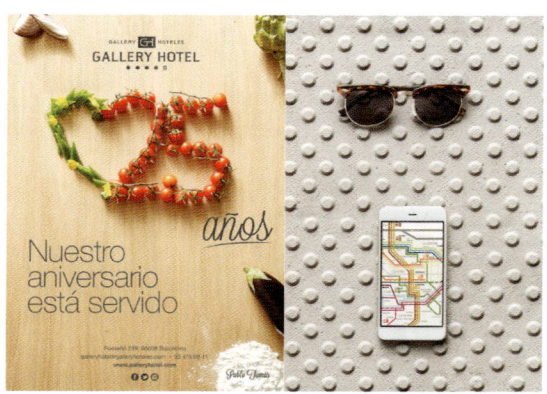
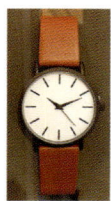
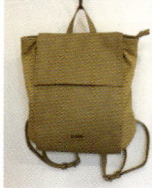
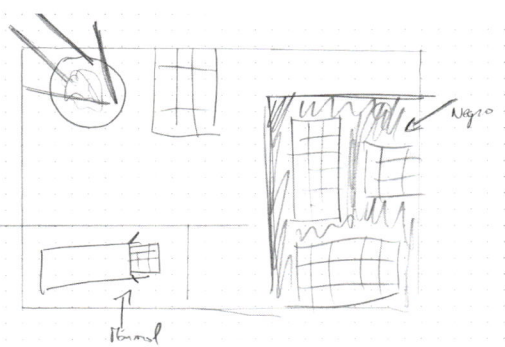
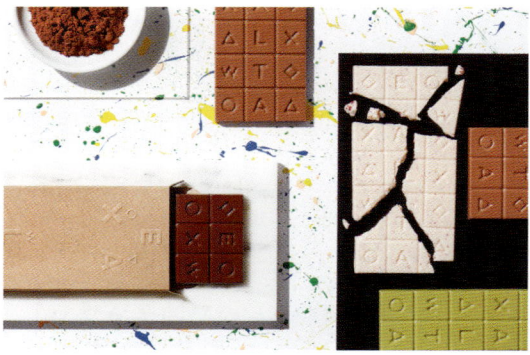

es un punto de partida que varía durante la sesión, ya sea porque hay otros elementos, nuevas ideas o porque lo planteado en el esbozo no funciona tan bien como creíamos.

ROLES

Aunque los fotógrafos solemos trabajar solos y hacer de estilistas y de retocadores a la vez, en muchas ocasiones vamos a necesitar un equipo para trabajar correctamente. Esto incluye a asistentes, directores de arte, estilistas o retocadores. Veamos qué trabajo realiza cada uno de ellos:

_**Asistente**. Es tu mano derecha. Cada fotógrafo pide a su asistente unas cosas u otras. Mi experiencia personal es que trabajar con asistentes es de las mejores decisiones que he tomado en mi carrera. Te permite tener más ojos y manos en la fotografía y en el set, además de que te liberan un poco del montaje de luces para que puedas concentrarte en la fotografía que vas a tomar. Uno de los aspectos más importantes es que los asistentes deben conocer el material con el que se trabaja, es decir, cámara, conexiones, iluminación, etc.

El trabajo como asistente es una enorme oportunidad cuando se empieza en el mundo de la fotografía para aprender a moverse en un estudio, acercarse a la relación entre cliente y fotógrafo, y para adquirir experiencia sobre el trabajo en general.

Dentro de los asistentes, una categoría son los asistentes digitales, quienes controlan todo el material disparado, revisan que las fotografías estén bien enfocadas, hacen las copias de seguridad y te garantizan que todo el hardware y el software funciona correctamente.

Directora de arte montando una escena.

_**Director de arte / estilista**. Aunque son dos oficios distintos, su trabajo tiene puntos en común. Un director de arte se ocupa de todo lo relacionado con la planificación y preparación del set y de todos los elementos que aparecerán en la imagen. En cambio, un estilista suele estar más relacionado con la elección del atrezo, ajuste de los elementos en la fotografía, etc. Ambas profesiones (y también podríamos añadir al diseñador de producción) suelen confundirse. Los directores de arte que trabajan en fotografía de producto son muy versátiles y manitas, lo cual les permite crear y solucionar todo lo que os podáis llegar a imaginar.

EL PROCESO CREATIVO Y LA PREPRODUCCIÓN

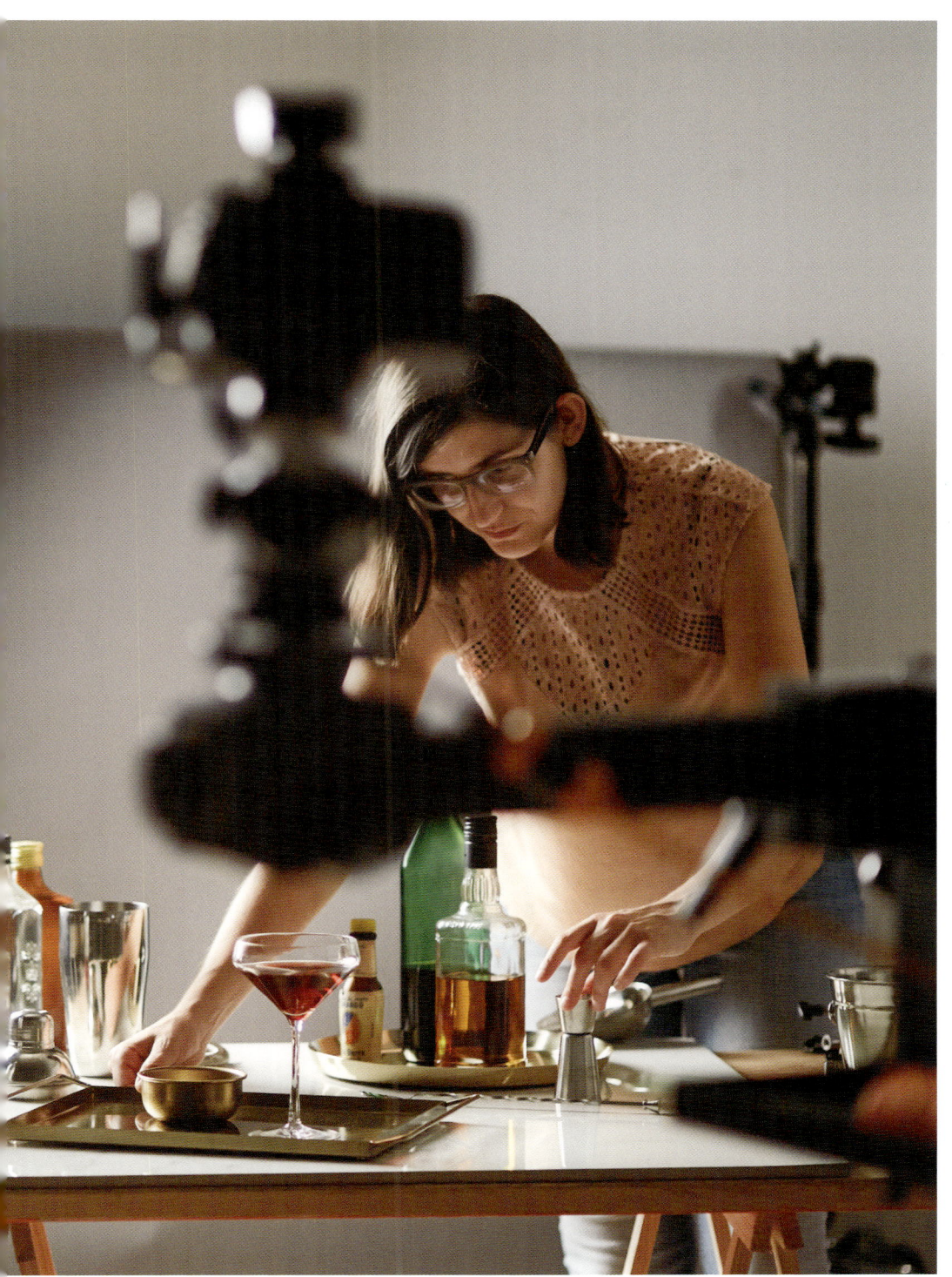

_**Retocador**. Es quien realiza toda la posproducción de una fotografía. Le entregamos todo el material para que lo trabaje y lo deje acabado según nuestras indicaciones. En mi caso, habitualmente trabajo con retocadores, ya que esto permite que la calidad del resultado acabe siendo mejor. Son verdaderos expertos con años de experiencia y grandes conocimientos. Además, tener un retocador externo me permite liberar tiempo que puedo dedicar a nuevos proyectos.

PRESUPUESTO

Cuando empezamos en el mundo de la fotografía, uno de los mayores retos es establecer unas tarifas que sean justas tanto para ti como para el cliente. No existen guías o referencias de precios, ya que se consideraría un pacto de precios, lo que no está permitido (de hecho, hace unos años, un sindicato creó una guía de tarifas mínimas y fue sancionado por ello).

A la hora de preparar un presupuesto, lo más importante es calcular las horas reales que se invertirán en el proyecto. Con "reales" me refiero a que, a menudo, no tenemos en cuenta las horas de preproducción que vamos a necesitar para preparar todo el material o no calculamos bien la posproducción. La mejor solución es la experiencia, aprender de los errores cometidos y que cometerás e intentar no pensar en que nos acepten el presupuesto, sino que sea justo para nosotros.

Además de las horas de trabajo, hay que pensar en la amortización del equipo, el seguro de responsabilidad civil (cubrirá los daños o perjuicios producidos por el fotógrafo dentro de unas condiciones y límites) o el seguro del material fotográfico.

En general, los fotógrafos facturan la producción de sus imágenes de dos formas: por horas o con un precio cerrado por fotografía. Yo prefiero la segunda opción, ya que así evito posibles prisas del cliente para reducir los costes de la sesión y me aseguro una cantidad fija de dinero. Esto funciona en mi caso, que me dedico a la fotografía de producto, con un número muy acotado de instantáneas.

Una cosa es la producción de una imagen y otra el derecho de uso que determinará lo que el cliente puede hacer con ella. Cuando se planifica una sesión, tienen que cerrarse los usos que se van a dar a esa fotografía, en qué ámbito geográfico se va a usar y durante cuánto tiempo. El rendimiento económico de la empresa variará en función de si la fotografía se usará en todos los andenes de metro de Europa o solo en una ciudad; por lo tanto, nuestra tarifa también debe cambiar. No debemos olvidar que las fotografías siempre pertenecen al fotógrafo, a no ser que se indique lo contrario en el contrato.

Esta es la lista de todos los elementos imprescindibles que deben aparecer en un presupuesto:

_Datos fiscales completos
_Datos fiscales del cliente
_Descripción del trabajo que se va a realizar y cómo se va a realizar
_Coste del trabajo que se va a realizar
_Tiempos de ejecución del trabajo o fechas previstas
_Tiempo de validez del presupuesto
_Forma y plazo de pago. Es muy importante para hacer previsiones del pago de la factura
_Firma del fotógrafo y del cliente aceptando el presupuesto

PREPARACIÓN DE LA SESIÓN

Una buena planificación de la sesión durante la preproducción es clave para que el proyecto salga adelante en buenas condiciones. Tras cerrar la parte creativa del proyecto, llega el momento de ver cómo vamos a plantear la sesión: desde la compra del atrezo y elementos para las fotografías hasta la gestión del equipo fotográfico, contratar al equipo o planificar los horarios de la sesión.

Cada proyecto necesitará de una preproducción diferente. Sin embargo, hay toda una serie de documentos que suelo preparar para la mayoría de mis sesiones. Cada fotógrafo tiene que buscar su manera de organizarse y esto es solo un ejemplo de cómo lo hago yo.

_**Documento técnico.** Este documento lo preparo para quienes van a trabajar conmigo en un proyecto. A menudo, estas personas no han participado del proceso creativo de las fotografías y llegan al *shooting* sin saber qué vamos a hacer. Por eso preparo este documento en el que suelo incluir una breve explicación del planteamiento de la sesión, esbozos o maquetas previas, algunas fotos de referencia y una idea del set de iluminación que voy a usar, además del material necesario. Esto permite que ellos avancen trabajo de fotos siguientes, ya que pueden ir ubicando luces, montando, etc. Elaborar un esquema de luces antes de la sesión también me ayuda a plantear mejor la foto y a pensar en todos los posibles problemas que pueden aparecer durante la sesión.

_**Checklist**. Este es, para mí, el documento imprescindible. En él tengo anotado todo el material que debo llevar a una sesión. Esto me evita errores típicos, como dejarse las baterías, la zapata del trípode, etc.

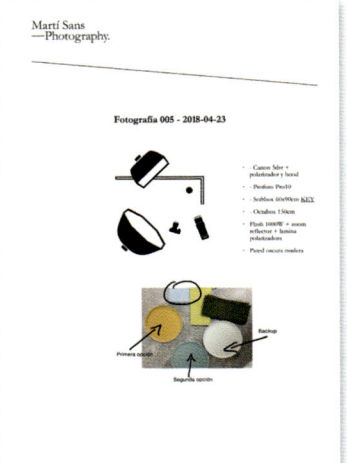 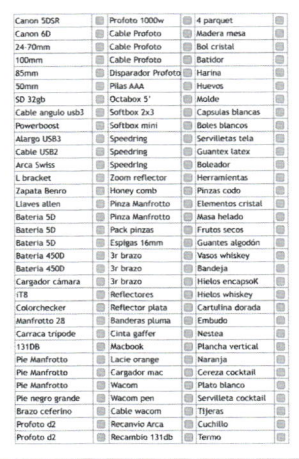 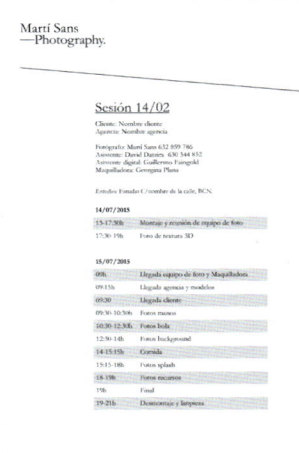

Documento técnico   Checklist   Call sheet

Este documento incluye todo el material que voy ajustando para cada sesión, lo imprimo y, a medida que dejo listo el material, lo valido en el documento. Tengo clientes con los que suelo trabajar, y para cada uno tengo una *checklist* guardada que incluye todo el material que me llevo cuando trabajo para ellos. Esto supone un considerable ahorro de tiempo y simplifica el proceso de preparación, ya que solo dedico unos minutos a preparar la lista y luego solo tengo que validar cada pieza de material. También permite que un asistente pueda preparar el material sin problemas de fallos ni olvidos.

_**Call sheet**. Este es el documento que preparo justo antes de cada sesión. En él se incluye información práctica para el cliente y la agencia sobre horarios de la sesión, dirección del estudio, teléfonos de contacto, etc. Internamente, sirve para calcular tiempos de la sesión, el montaje del set, cambios entre fotos, etc. Ayuda a tener una visión general y realista de cuánto va a durar la sesión.

DISPARAR CONECTADO

Una de las ventajas de la fotografía de producto es que se suele realizar en un estudio o en una ubicación controlada, sin prisas ni desplazamientos continuos. Esto nos ofrece la posibilidad de trabajar con la cámara conectada a un ordenador y ver o guardar los archivos directamente allí.

La mayoría de las cámaras actuales pueden conectarse al ordenador mediante un cable USB o por wifi. El tipo de conexión varía según el modelo de cámara, pero la mayoría suelen tener una conexión mini-USB. Es habitual que, al comprar una cámara, venga un cable específico para conectarla mediante USB.

Para visualizar las fotografías en el ordenador necesitamos un software específico. La mayoría de las marcas de cámaras ofrecen programas propios, un poco limitados, que permiten realizar la toma, la visualización y guardar la fotografía automáticamente en el ordenador. Algunos permiten ajustar los controles de la cámara y tienen funciones *live view*. Esta función también la incluyen algunos programas de revelado de RAW, como Lightroom o Capture One.

Para mí, la mejor opción a día de hoy es Capture One. Además de ser un revelador de archivos (que analizaremos más adelante), ofrece un completo módulo de disparo conectado que nos permite ajustar la mayoría de las opciones de la cámara, desde la sensibilidad hasta el modo de disparo.

El proceso para trabajar conectado es sencillo. Solo necesitas un cable USB y un ordenador. En ocasiones, al usar conexiones USB3, la cámara no tiene suficiente potencia para transferir correctamente las imágenes al ordenador. La única forma de solucionarlo es usando un controlador adicional entre el cable USB y la cámara para regular la potencia y asegurar que los datos se transfieran correctamente.

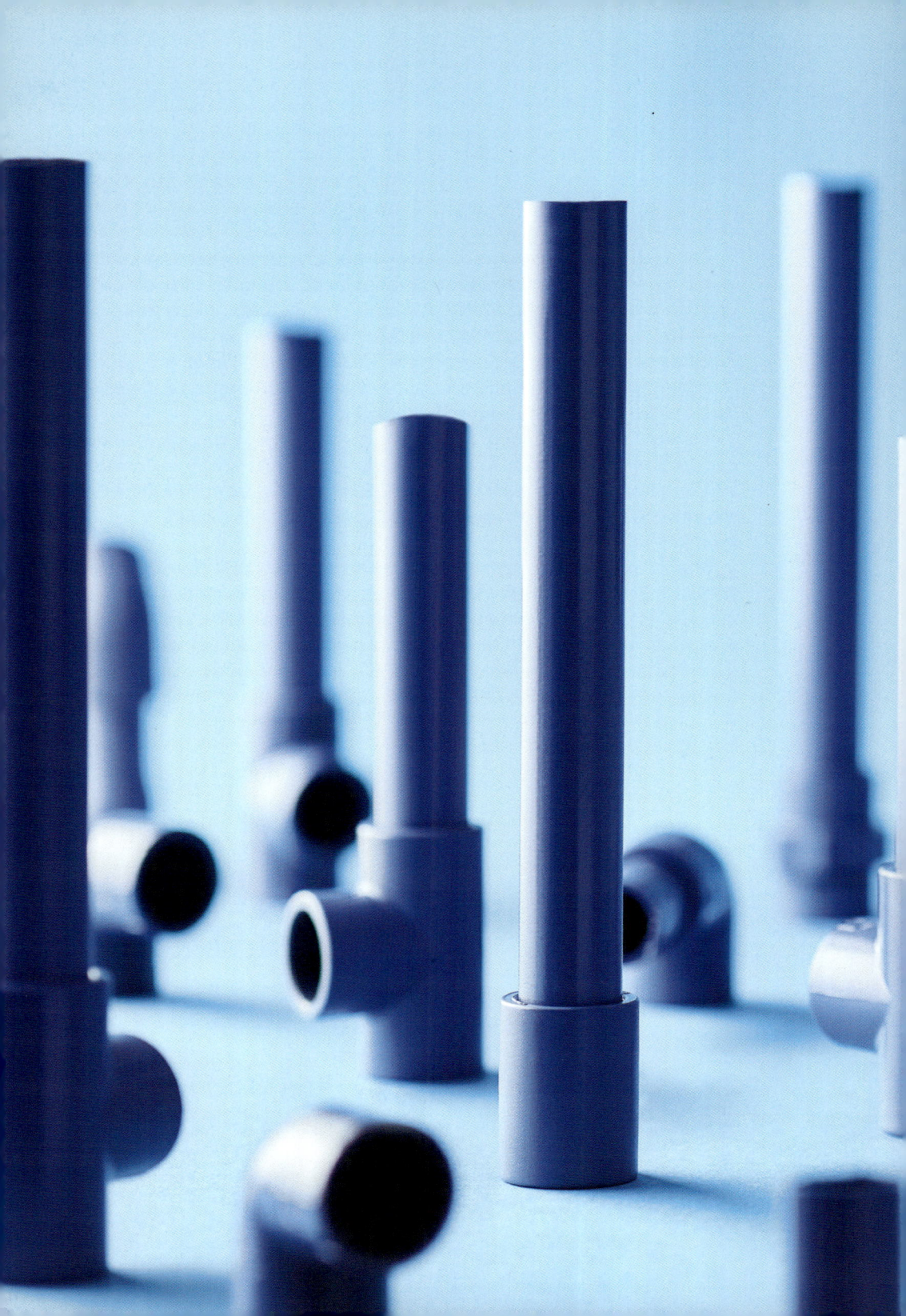

EL EQUIPO

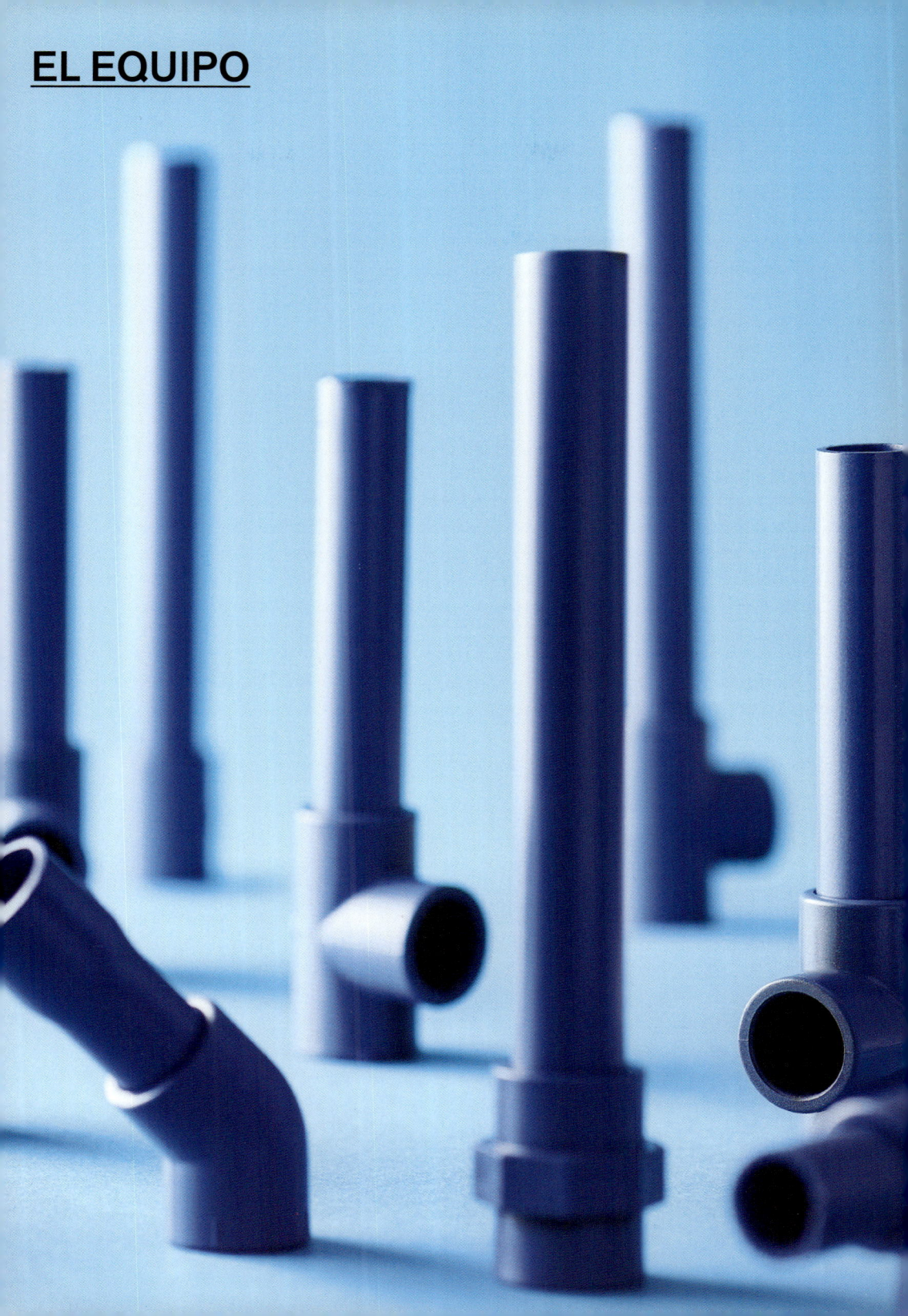

CÁMARAS

Cada semana aparecen en el mercado nuevos modelos de cámaras y, de repente, la cámara que compraste hace unos meses está obsoleta. Por eso, en este libro, no nos centraremos en analizar los modelos de cámaras, sino en ver algunas de las interesantes características de las cámaras y de las diferencias entre los sistemas más habituales.

El sensor
El sensor es la parte de la cámara donde se proyecta la luz y transforma estas ondas lumínicas en un archivo digital. Es el sustituto de la película en la fotografía analógica.

Básicamente, existen dos tipos de sensores: los CMOS y los CCD. A día de hoy, los primeros son los más usados, mientras que los sensores CCD se limitan a algunas cámaras de formato medio o para usos específicos (sobre todo astronomía). Hace años, los sensores CCD ofrecían mayor calidad, aunque recientemente la calidad se ha ido igualando. Por ese motivo, cada vez más algunas marcas de gama media están sacando modelos con sensores CMOS. El sensor CMOS ofrece algunas ventajas, como una mayor velocidad de descarga de la información, menos calentamiento del sensor y menos ruido en píxel.

Además de la tecnología del sensor, la característica más importante es la medida del mismo. Existen sensores de poco más de un milímetro de ancho hasta sensores de más de 5 cm de ancho. Aun así, las medidas más habituales en cámaras réflex son los sensores Full Frame y los APS-C.

_Los **sensores full frame** (FF) tienen medidas parecidas a las de la película de 35 mm de las cámaras analógicas, 36 , y son los más usados por los fotógrafos profesionales.

_Los **sensores APS-C** (*advanced photo system type-C*) o sensor con factor de recorte, son sensores de medidas variables en función de la marca y el modelo de cámara. Son sensores más pequeños que los *full frame*, con medidas en torno a los 20-25 mm de ancho. Dado su menor tamaño comparado con los sensores FF, al usar una misma óptica con un sensor APS-C solo captamos la parte central de la imagen que captura el objetivo. Las marcas de cámaras suelen indicar el factor de conversión exacto para calcular la focal de una óptica usada en un sensor APS-C. En el caso de Canon es de 1,6 y en el de Nikon de 1,4. Por ejemplo, un 50 mm se convierte prácticamente en un 80 mm en *full frame*. Es importante recordar que, aunque el ángulo de visión será el de un 80 mm, la deformación y otras características seguirán siendo las de un 50 mm.

Tipos de cámara

Veamos ahora qué tipos de cámaras podemos usar en fotografía de producto. Es importante recordar que no existen cámaras buenas o malas *per se*, sino que una cámara será buena o mala según si se ajusta a las necesidades de un encargo concreto.

_Cámaras compactas con controles manuales. Permiten un control manual de todos los parámetros, con una óptica no intercambiable. Hay muchas calidades y precios diferentes que llegan hasta calidades similares a las de una cámara profesional.

_Cámaras sin espejo. Cada vez con mayor cuota de mercado, son cámaras con una óptica intercambiable que suelen tener unas medidas reducidas, ya que prescinden del prisma de espejos típico de las réflex. Hay muchas marcas y modelos con calidades espectaculares que desbancan a muchas réflex. Generalmente, montan sensores APS con algún tipo de recorte y algunos modelos usan sensores FF.

_Cámaras réflex de 35 mm. Las clásicas cámaras con óptica intercambiable y un rango de modelos desde la iniciación hasta gamas profesionales. Por lo general, las más asequibles llevan un sensor APS y, a partir de cierto nivel, la mayoría incluye un sensor FF.

_Cámaras de formato medio. Cámaras de mayores dimensiones y de precio más alto que las réflex de 35 mm. Ofrecen unos sensores más grandes, así como un mayor rango dinámico. En la mayoría de los casos, el cuerpo de la cámara es independiente del sensor (llamado respaldo o, en inglés, *digital back*). Esto permite cambiar el cuerpo de la cámara manteniendo el mismo sensor o a la inversa. También ofrece la oportunidad de montar el sensor de una marca con el cuerpo de otra. Actualmente ya se pueden encontrar en el mercado cámaras de formato medio sin espejo con precios más bajos y dimensiones reducidas.

_Cámaras de gran formato. También se conocen como *cámaras técnicas*. Este tipo de cámara tiene un uso bastante limitado, pero es excelente para la fotografía de producto. Los modelos digitales suelen usar respaldos de formato medio, aunque algunas marcas ofrecen la opción de montar un cuerpo de cámara de 35 mm. La gran ventaja de estas cámaras es que te permiten variar el ángulo (*tilt*, en inglés) de la óptica respecto al sensor y también se puede realizar un desplazamiento (*shift*) del objetivo respecto al sensor. De forma normal, el sensor y el plano de foco se sitúan de forma paralela. Al modificar el ángulo de la óptica, podemos cambiar el plano de foco, lo que permite enfocar elementos situados a diferentes distancias si están en línea con el plano de foco. En el caso del desplazamiento, el mejor ejemplo lo encontramos cuando queremos fotografiar un edificio y mantener paralelas las líneas laterales. Si se desplaza la óptica respecto del sensor, podremos corregir las líneas sin necesidad de posproducción.

OBJETIVOS

Igual que sucede con las cámaras, no existe un buen o un mal objetivo, solo objetivos más adecuados para un trabajo que para otro. En fotografía de producto, cada encargo precisará de una óptica u otra, ya sea por motivos técnicos o por temas estilísticos. Las ópticas suelen clasificarse según su longitud focal o por su diafragma.

Longitud focal y compresión
La longitud focal es la distancia entre el centro óptico de un objetivo y el sensor, y se expresa en milímetros. A mayor distancia focal, menor ángulo de visión, y a menor distancia focal, más ángulo de visión. Por ejemplo, un angular de 14 mm nos dará un ángulo de visión en horizontal de 102°, mientras que un teleobjetivo de 200 mm nos dará apenas 10°.

Relacionado con la longitud focal, vamos a hablar de la compresión de la lente. Muchos fotógrafos siguen creyendo que las ópticas con una longitud focal grande (teleobjetivos) comprimen la imagen. No es del todo cierto; si fotografiamos un elemento con una focal de 70 mm y tomamos otra fotografía sin mover la cámara a 35 mm obtendremos, lógicamente, dos fotografías distintas.

Pero ¿qué pasa si recortamos la fotografía hecha a 35 mm para igualar el espacio que ocupan los elementos en el encuadre? Pues que obtenemos "la misma" fotografía y no hay compresión ni alteración entre ambas tomas.

El efecto de esta compresión se nota si usamos dos focales diferentes para intentar que el elemento que vamos a fotografiar ocupe el mismo espacio en el encuadre. Veamos otro ejemplo con una fotografía tomada con una distancia focal de 50 mm y una segunda usando un 100 mm, alejando la cámara para conseguir que los elementos ocupen un espacio similar del encuadre. Si las comparamos, podemos notar que las formas han variado y que la carta de color del fondo ocupa más espacio en el encuadre cuando usamos el 100 mm que con el 50 mm.

El otro elemento que debemos tener en cuenta al escoger la longitud focal es que, a mayor distancia focal, menor profundidad de campo siempre y cuando el objeto fotografiado ocupe el mismo espacio en el encuadre. Por lo tanto, si tenemos que fotografiar un objeto completamente enfocado, lo conseguiremos más fácilmente con un 50 mm que con un 100 mm.

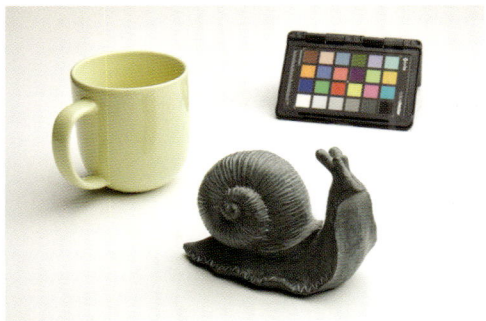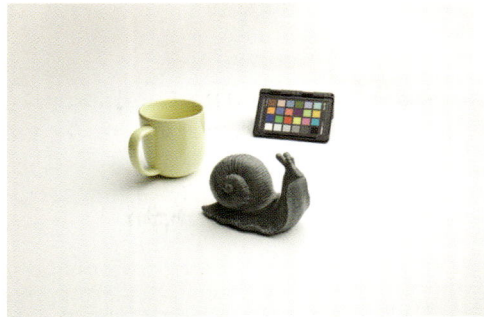

Comparativa entre una fotografía realizada con una óptica a 70 mm y otra a 35 mm.

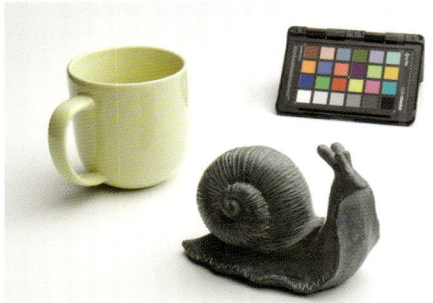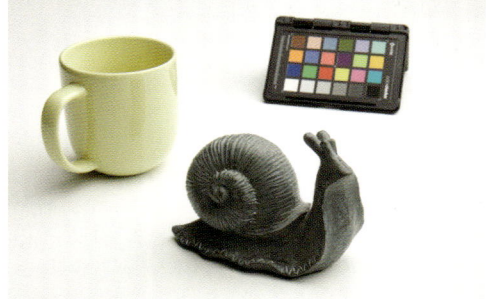

La fotografía realizada a 35 mm se ha recortado en posproducción para igualar el encuadre de la de 70 mm.

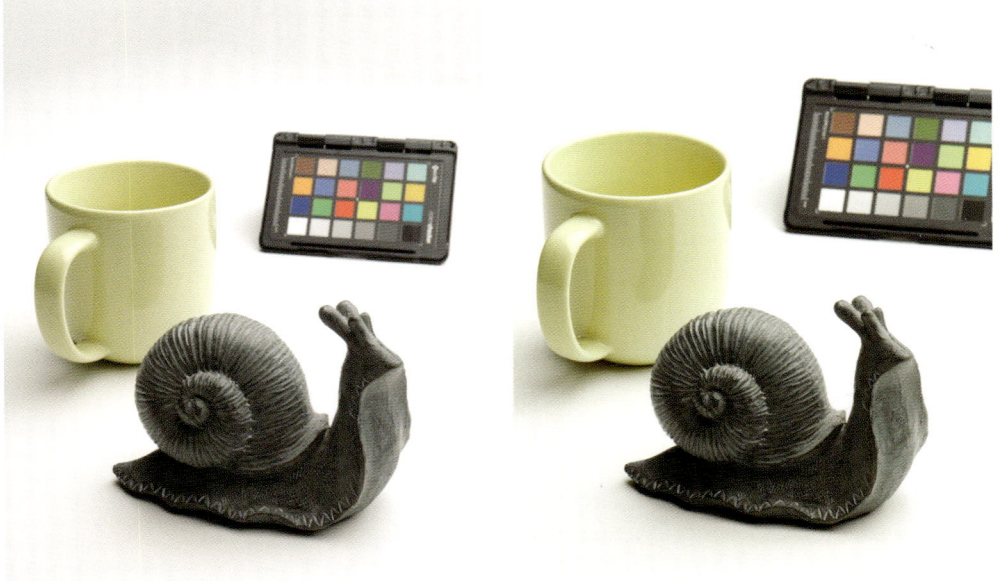

Comparativa usando una lente de 50 mm y otra de 100 mm igualando el encuadre.

Diafragma y profundidad de campo

El diafragma es un elemento opaco que tiene una apertura variable en el centro, lo que permite el paso de una determinada cantidad de luz. Está formado por diferentes palas que se ajustan para formar una apertura mayor o menor, según se necesite. El número de diafragma se expresa como f/16, aunque a menudo se acorta como f16. El número es el resultado de dividir la distancia focal entre el diámetro de apertura del diafragma (también llamado *pupila de entrada*). Cada modelo de objetivo tiene una pupila de entrada específica. Por ejemplo, una óptica de 100 mm con una pupila de entrada de 50 nos da como resultado f/2, que es la apertura máxima de este objetivo.

Comparativa de una fotografía hecha con un diafragma cerrado y otra con el diafragma abierto.

Cuanto más abierto esté el diafragma (número f más bajo), mayor será la cantidad de luz que entrará en el sensor, lo que nos proporcionará una menor profundidad de campo que si usamos un diafragma más cerrado (número f alto), con el que conseguiremos que entre menos luz en el sensor y más profundidad de campo.

El diafragma es el primer elemento que nos viene a la cabeza cuando queremos modificar la profundidad de campo de una fotografía, aunque no es el único:

_ La medida del sensor afecta a la profundidad de campo. Cuanto mayor sea el sensor, menor será la profundidad de campo, y al revés, cuanto menor sea el sensor, mayor será la profundidad de campo. Si comparáis una foto hecha con un teléfono (sensor pequeño) con una foto en las mismas condiciones tomada con una cámara réflex (APS-C o *full frame*), os daréis cuenta de que la zona enfocada de la primera es mayor que la de la segunda. Esto nos puede influir si estamos haciendo fotos donde todo el producto tiene que verse enfocado; un sensor más pequeño nos ayudará a conseguirlo.

_ Como hemos visto en el apartado anterior, la distancia focal también influye en la profundidad de campo; a menor ángulo de visión (una focal más larga), la profundidad de campo será menor (siempre que el objeto que fotografiemos ocupe el mismo espacio en el encuadre). Con un teleobjetivo nos costará más obtener una foto completamente enfocada que con un angular.

EL EQUIPO

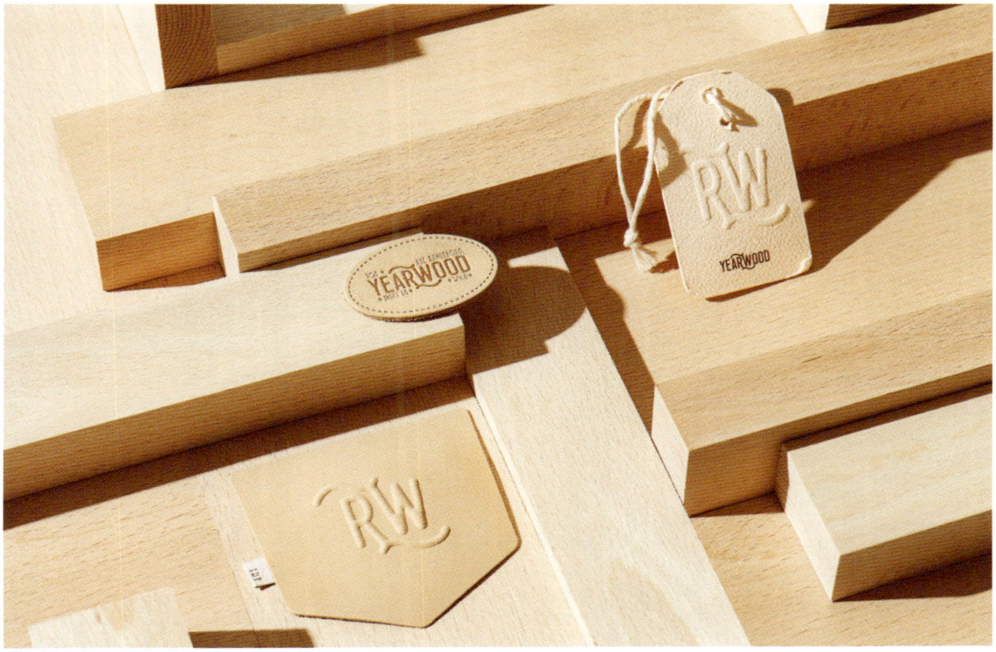

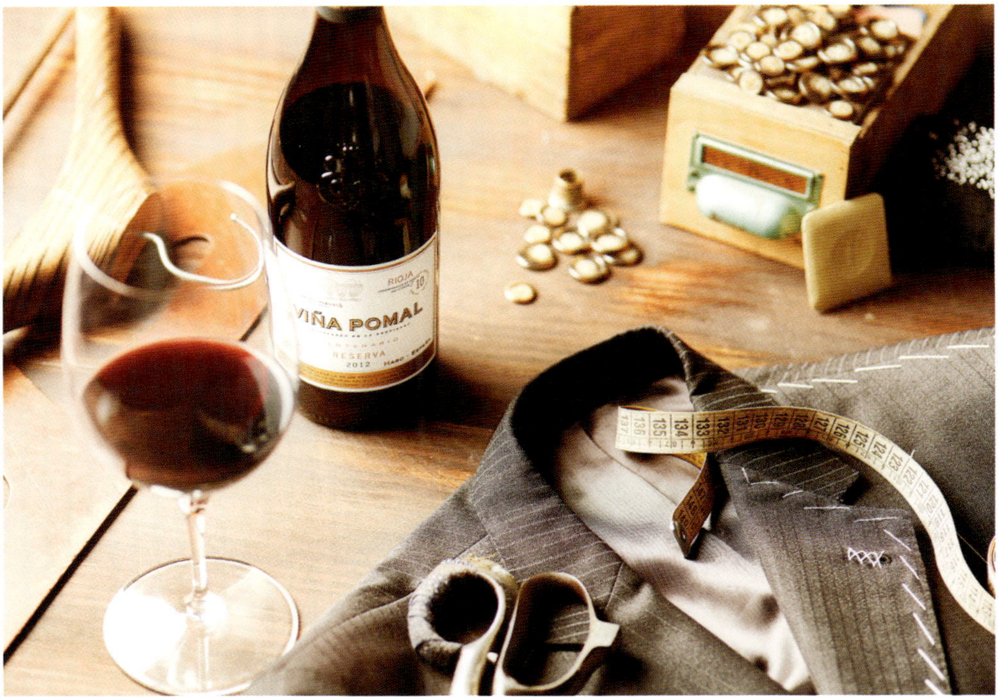

TRÍPODE

El equipo no termina con la elección de una cámara y unas cuantas ópticas, aunque es cierto que, técnicamente, no necesitamos nada más. Para mí, hay otro elemento básico que permite trabajar en las mejores condiciones y obtener un buen resultado. Estoy hablando del trípode, pieza clave indiscutible en fotografía de producto, ya que nos ofrece la libertad de pensar, ajustar y reajustar las luces sin mover el encuadre.

Sé que a muchos fotógrafos les cuesta la adaptación, ya que el proceso de variar el punto de vista es más lento que disparando a mano. Aun así, recomiendo encarecidamente adaptarse… ¡Se acabaron los horizontes torcidos y los elementos que no habías visto que asomaban en la esquina del visor!

El trípode permite ajustar el encuadre de la toma al milímetro.

Aunque a veces los trípodes incluyen una rótula, creo que lo mejor es buscar el tipo de rótula que te guste más. Las hay de mil tipos, aunque las más habituales son las de tres ejes y las de bola. En mi caso, he probado las dos y las de tres ejes me dan más precisión en los ajustes que las de bola. Actualmente, se pueden encontrar en el mercado muchísimas opciones con diferentes características, así que vale la pena perderse un poco comparando y probando rótulas.

La grandísima mayoría de los trípodes y rótulas se conectan con una rosca de 3/8" estándar en fotografía, así que es fácil cambiar rótulas y trípodes de manera indistinta. En mi caso, siempre que disparo en un estudio de alquiler, sea donde sea, alquilo un trípode, pero no la rótula, ya que siempre llevo la mía en la mochila.

Elegir qué trípode vamos a comprar no es sencillo, pues existen muchas marcas y de precios muy distintos. Para mí lo más importante es la estabilidad del mismo, no tanto el peso o lo pequeño que queda doblado, ya que no acostumbro a viajar con él. Si queremos un trípode versátil, debemos equilibrar sus características, aunque recordad que, en el trípode elegido, irá nuestro caro y preciado equipo, así que conviene invertir en esta pieza para evitar sustos y problemas. Tanto para el trípode como para la rótula, es buena idea acudir a una tienda de fotografía profesional donde se pueda ver y tocar el material y hacerse una idea del peso, el tamaño, etc.

EL EQUIPO

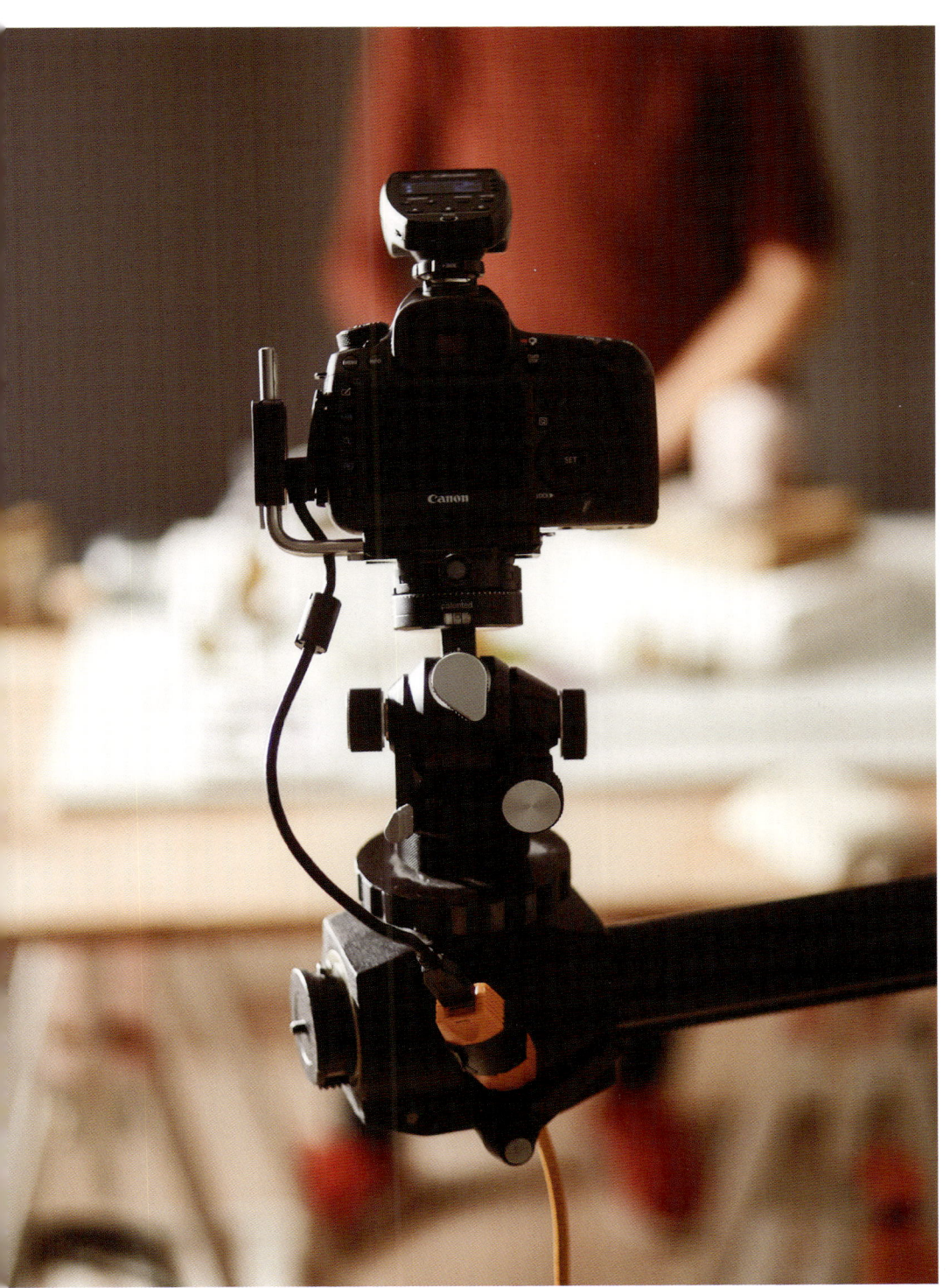

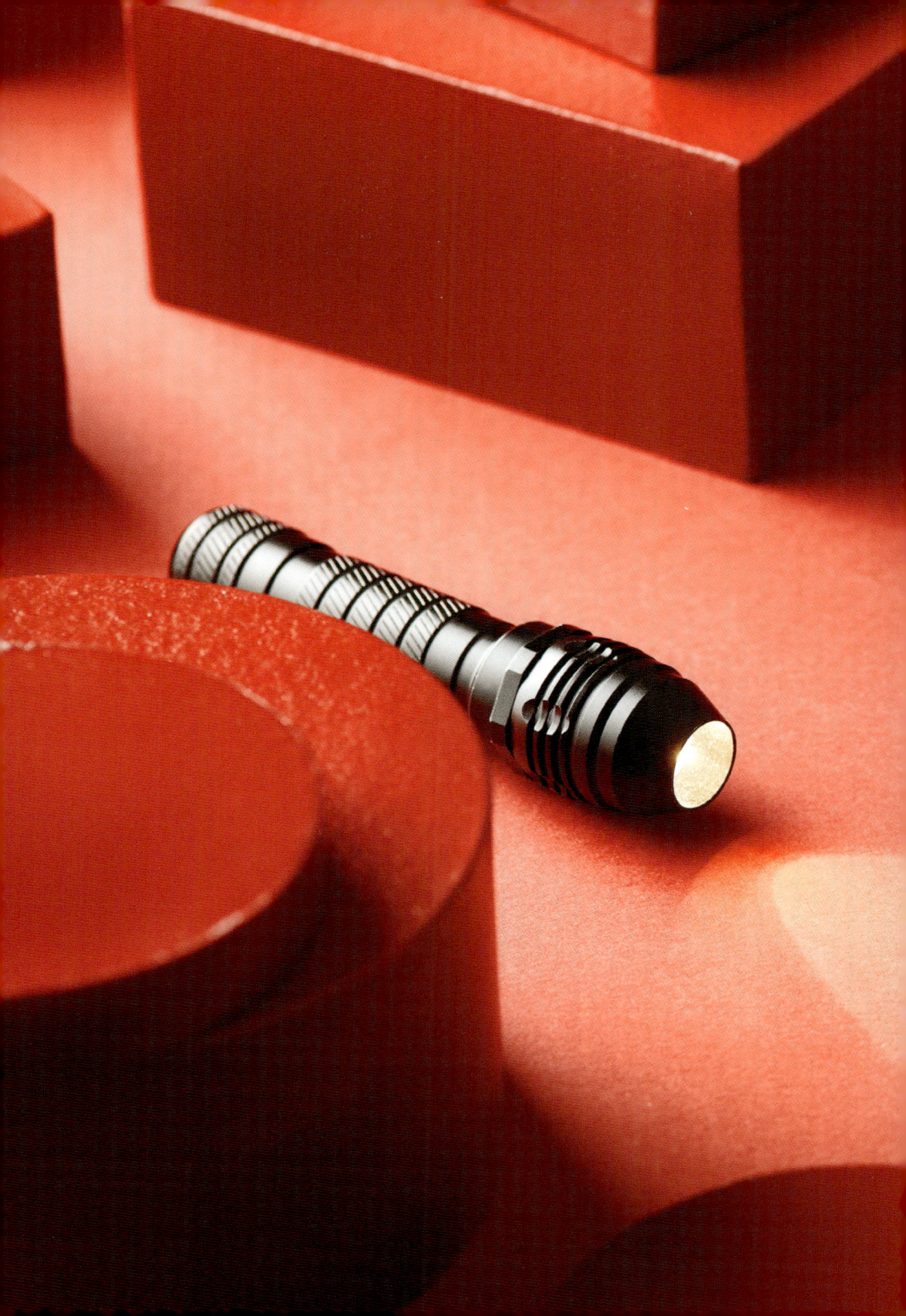

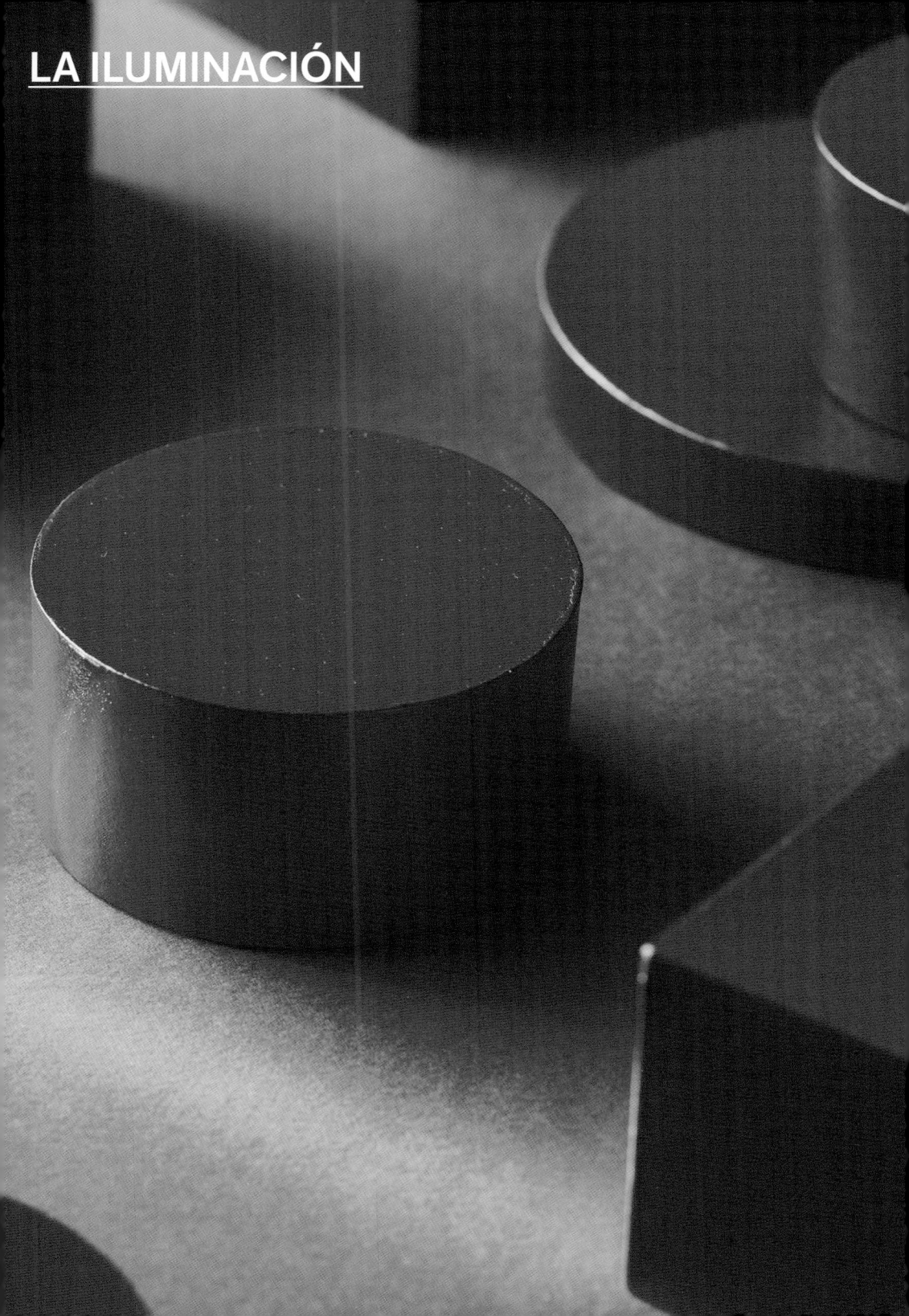
LA ILUMINACIÓN

LUZ

La luz es una energía electromagnética radial que se propaga por ondas. Al incidir sobre un objeto, puede hacerlo visible a nuestros ojos. No vamos a entrar en el aspecto más técnico, lo que nos interesa es entender y controlar cómo se comporta esta luz sobre los diferentes elementos y texturas.

La luz se propaga en línea recta y, al encontrarse objetos, produce sombras. Estas sombras darán volumen y textura a nuestras fotografías.

El sol es nuestra fuente de luz más importante y, obviamente, la más usada para la fotografía. Aun así, para la fotografía de producto y publicitaria, el sol es poco constante en dirección, forma y color, por lo que prescindiremos de él en nuestros ejemplos.

La primera característica que vamos a analizar es la temperatura de color de la luz. El color producido por una fuente de luz varía en función de la longitud de onda de los rayos de luz dentro del espectro visible. Esta temperatura se mide usando una escala de referencia llamada kelvin (abreviado como K, nunca como °K). Para definir la escala, se parte de un objeto negro que, al calentarlo, emite luz de diferente color según la temperatura a la que se encuentre. Así, cada temperatura se asocia a un color. En el mundo de la fotografía, podemos establecer dos temperaturas estándar: 3.200 K es la temperatura que producen los focos halógenos, muy usados en el cine, mientras que la luz del día se sitúa a una temperatura de 5.500 K. Los flashes de estudio y de mano suelen trabajar con una temperatura de color de 5.500 K para combinar mejor la luz del sol con los flashes. Por eso en fotografía es más habitual trabajar a 5.500 K.

Una misma fotografía tomada con una fuente de luz a 5.500 K y otra a 3.200 K, en las que se aprecia el cambio de tono de la imagen.

La segunda característica de la luz es su forma, o lo que es lo mismo, el contraste. Por lo general, los fotógrafos hablamos de luces con mucho contraste como *luces duras* y, cuando el contraste es bajo, las llamamos *luces suaves*. Una luz dura se produce cuando todos los rayos de luz llegan a la escena en paralelo desde un punto pequeño. La luz suave, por el contrario, se produce cuando los rayos de luz vienen desde puntos y con direcciones diferentes.

Los ejemplos mostrados, realizados en estudio, se podrían realizar también con luz natural. La luz contrastada la conseguiríamos en un día claro, sin nubes, con los rayos de sol llegando a la escena en paralelo. La luz de bajo contraste la podemos conseguir en un día con el cielo tapado

LA ILUMINACIÓN

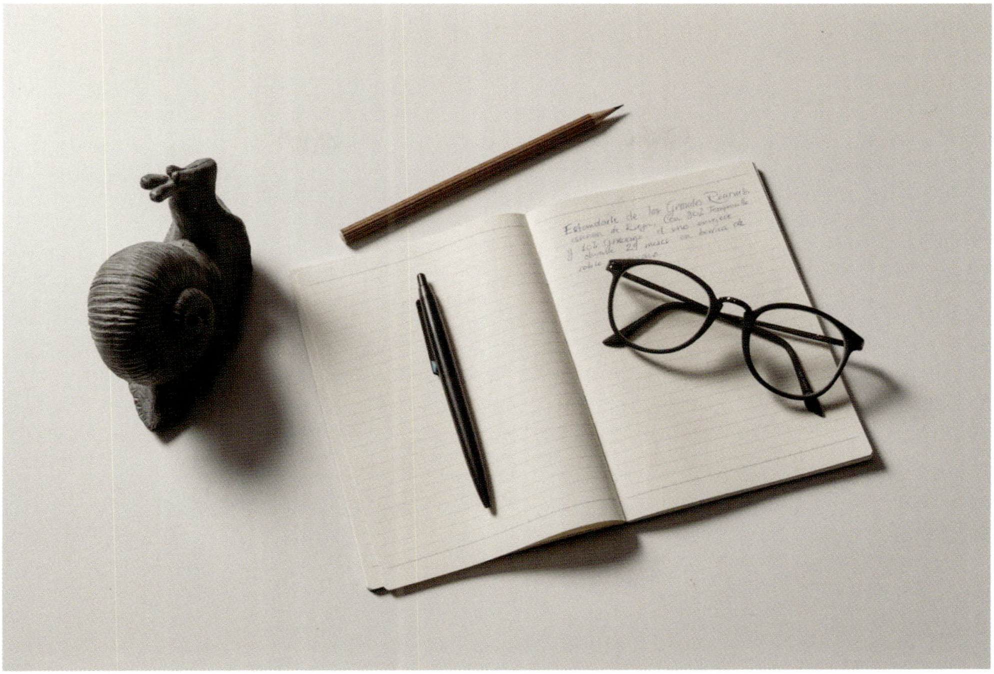

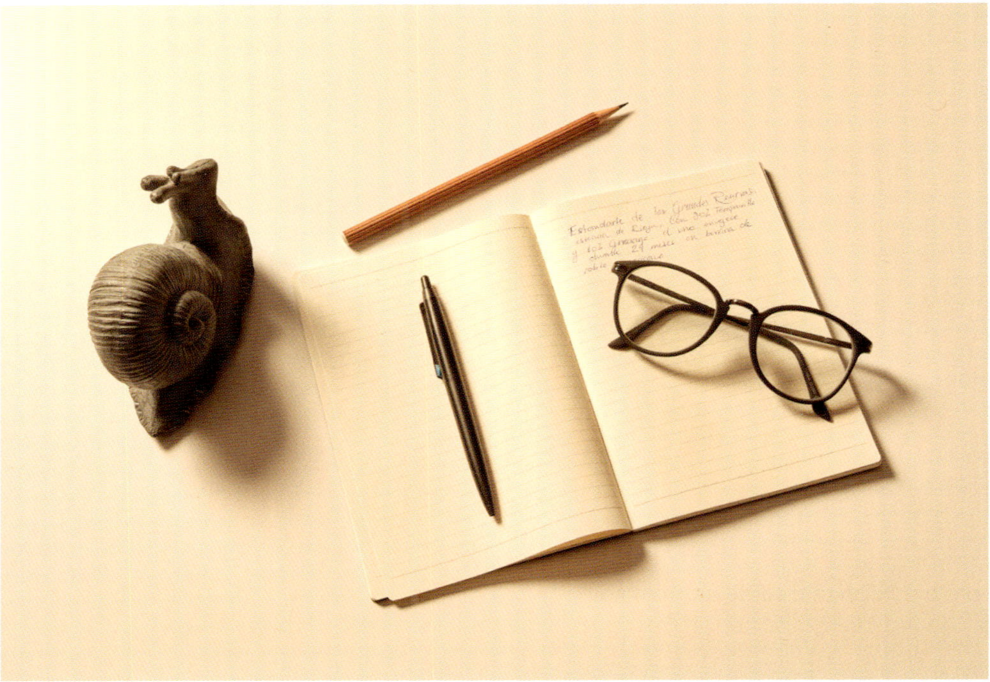

donde las nubes actúan como difusor filtrando los rayos del sol, con lo que la luz llega a la escena desde muchas direcciones.

En el primer ejemplo se ha usado una luz con mucho contraste que produce sombras duras y definidas, mientras que, en el segundo, la luz es de bajo contraste y produce una sombra degradada.

Hemos visto que una luz puntual (el sol) produce mucho contraste y una fuente de luz grande (las nubes) produce una luz de bajo contraste, pero es importante pensar en que lo fundamental es la medida de la fuente de luz respecto a la escena. Una fuente de luz que, cercana al objeto, produce una iluminación suave, si la alejamos lo suficiente, produce una luz dura y de mucho contraste. Pensemos por un momento en el sol: al ser una fuente de luz muy grande pero estar muy alejada, se convierte en una luz puntual que produce sombras muy definidas. Si nos pudiéramos acercar suficientemente al sol, observaríamos que se convertiría en una luz suave.

Para entender el comportamiento de la luz hay que hacer una comparativa del comportamiento de diferentes luces sobre un bodegón y analizar los resultados.

Aquí podemos ver dos ejemplos usando una luz con mayor contraste en el primer caso y con menos en el segundo. Ambos resultados son buenos, pero explican situaciones diferentes.

LUZ NATURAL

Como ya hemos comentado anteriormente, la luz natural es la fuente de luz más accesible para fotografiar. Aun así, permite menos control sobre el color, la forma o la disponibilidad. Como fotógrafo de producto, es complicado trabajar siempre con luz natural, por lo que, desde hace años, he optado por no usarla como norma general, ya que no puedo depender de si hoy está o no nublado para disparar un encargo.

De todas formas, se pueden conseguir muy buenos resultados con la luz del sol. Tenemos que usar el sol como usaríamos una bombilla. Si queremos una luz más suave, ponemos algún elemento que amplíe la superficie de la fuente de luz, como una tela difusora, un reflector translúcido plegable o incluso una sábana.

También nos podemos encontrar en la situación opuesta. Si tenemos una ventana que recibe luz suave y queremos obtener más contraste de la misma, podemos bloquear parte de la ventana con cartulina, cartón

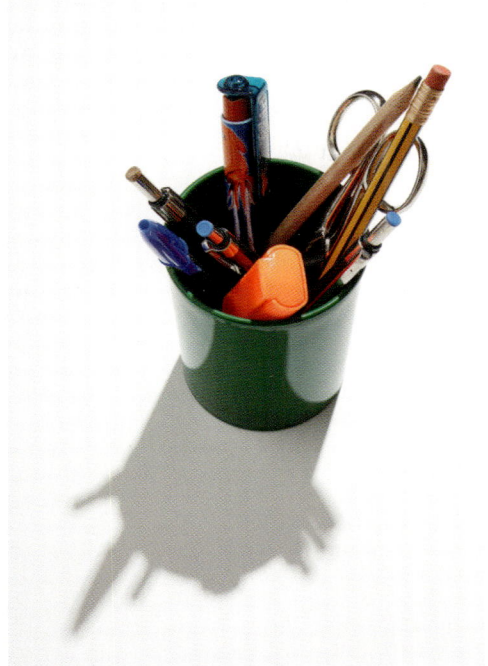
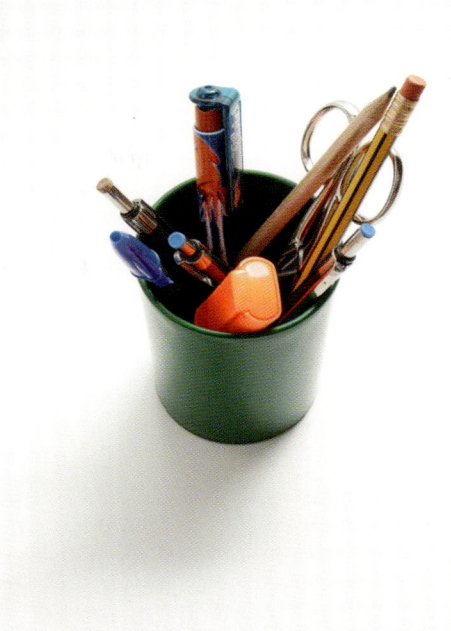
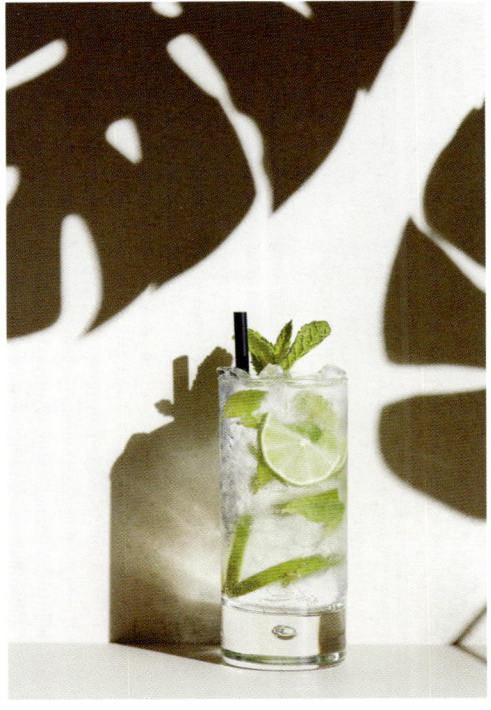
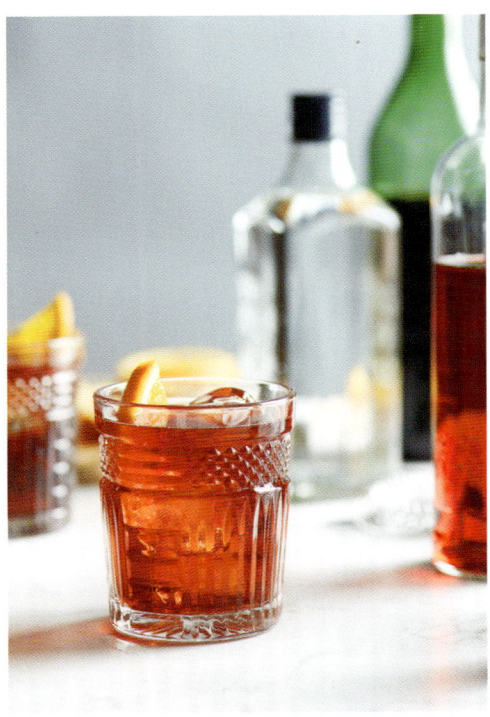

pluma, y hacer una fuente de luz más pequeña, con mayor contraste. Esto nos dará como resultado una luz más "dura" pero con menos intensidad que deberemos compensar con un mayor tiempo de exposición.

FLASH

El flash es un tubo que produce un destello corto de luz. Los flashes que existen en el mercado nos permiten ajustar la potencia de la descarga que va a producir, dentro de unos límites, según cada modelo (lo veremos más adelante).

De flashes existen dos grandes tipos: el flash de mano o de zapata y el de estudio. El primero se puede poner encima de la cámara y funciona con pilas o baterías, y el segundo suele usarse sobre pies de iluminación y alimentarse directamente por la corriente.

Con cualquiera de los dos tipos de flashes podremos tomar fotografías de calidad, pero debemos tener en cuenta las características y limitaciones de cada sistema para conseguir el mejor resultado y evitarnos problemas.

Vamos a ver un poco más sobre cada tipo de flash.

Flash de mano
El flash de mano suele ser pequeño y se alimenta con pilas o baterías. La intensidad del destello dependerá de cada modelo y se suele expresar con el número de guía (GN, por sus siglas en inglés). Se calcula sobre ISO 100 y la fórmula es muy sencilla: GN = distancia flash · producto (en metros) n.º f. Pongamos un ejemplo: si el flash está a una distancia de 3 m de nuestro producto y tenemos una exposición de f16 a ISO 100, el número de guía será de 48.

Ejemplo de un flash de mano montado sobre un pie y una rótula junto con un disparador por radio.

Aunque los flashes de mano están pensados para usarse encima de la cámara, muchos fotógrafos usan estos flashes fuera de cámara como si fueran de estudio. Esto permite crear sets de luces diferentes con unos flashes más asequibles, ligeros y ¡portables! (no necesitas un enchufe para trabajar).

Sin embargo, no todo es perfecto. La mayoría de los flashes de mano no disponen de luz de modelado (una luz continua típica de los flashes de estudio que te permite ver el efecto del flash sin tener que realizar un

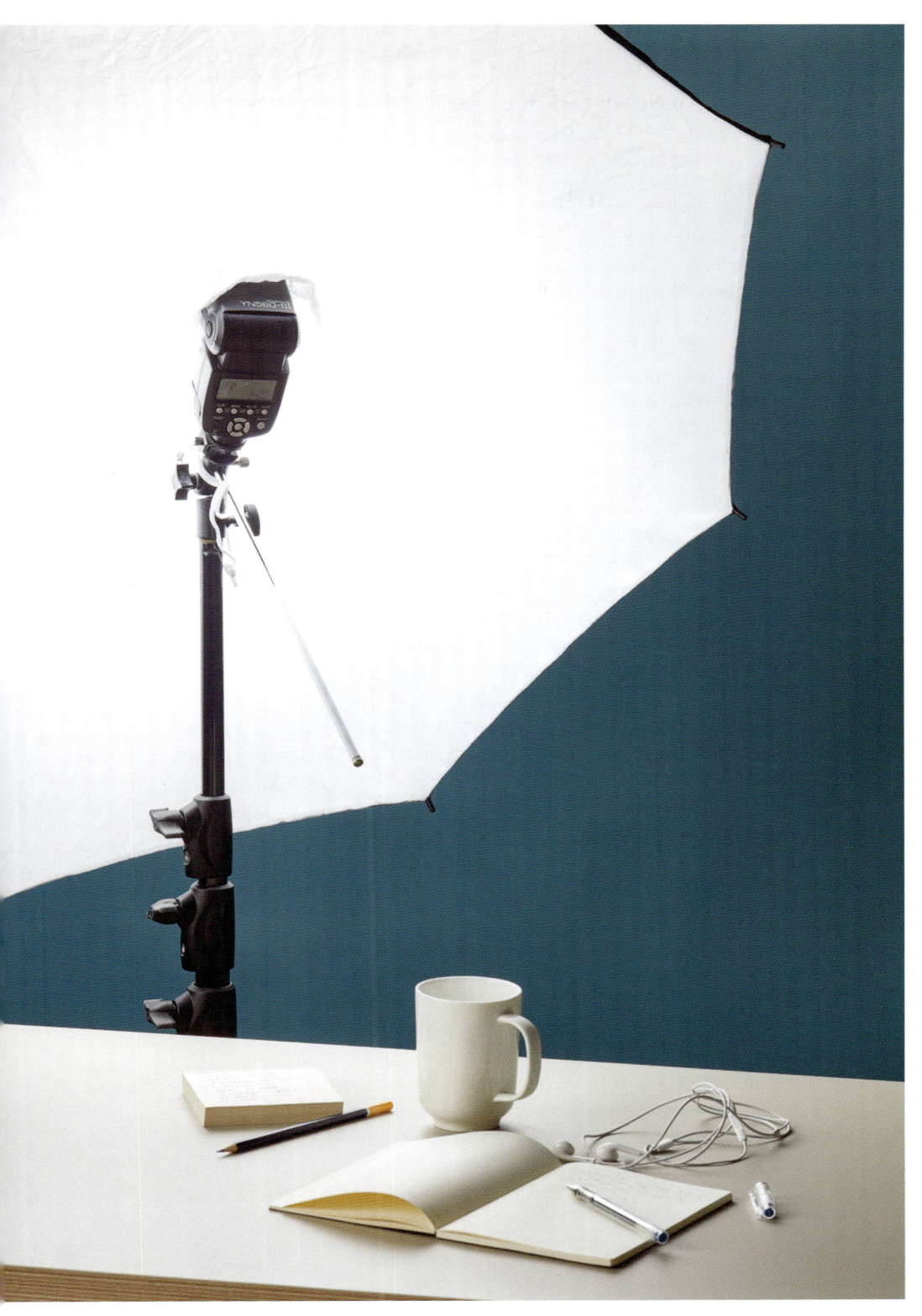

destello). Por otro lado, su potencia no suele ser tan alta como la de los flashes de estudio, y claro, siempre debes tener un buen arsenal de pilas o baterías de repuesto para no quedarte sin flash en medio de un *shoot*.

Para disparar el flash fuera de cámara vas a necesitar, además del flash, un cable para sincronizar el disparo o, una opción más práctica, un disparador inalámbrico por radio. Normalmente necesitarás un emisor que se coloca en la zapata del flash (o en el puerto pc-sync de la cámara) y un receptor que va en la zapata del flash. Algunos modelos de flashes incorporan un receptor, así que quizá no te haga falta. También necesitarás un pie de flash, así como una rótula para adaptar el flash al pie.

Con esto ya podrás disparar tu flash fuera de cámara. Encontrarás muchos accesorios compatibles con flashes de mano (ventanas, paraguas, *grids*, difusores, etc.).

Flash de estudio

El flash de estudio es el gran compañero del fotógrafo de producto. Son flashes que se conectan a la corriente (aunque hay modelos que funcionan con baterías), su potencia máxima varía según el modelo y disponen de luz de modelado. La luz de modelado es una lámpara de luz continua ubicada muy cerca del tubo de flash. Esta luz permite ver cómo actuará el destello del flash en la escena sin tener que disparar una sola fotografía. Es muy útil, ya que podemos trabajar los brillos y sombras de manera sencilla y eficaz.

La mayoría de los flashes se clasifican según su potencia máxima; generalmente se habla de un flash de 1.000 W para referirnos a un flash cuya potencia máxima es de 1.000 W. En el mercado se pueden encontrar flashes desde 200 hasta 3.000 W o más, que cubrirán la grandísima mayoría de los trabajos que te puedan salir.

LUZ CONTINUA

La luz continua es una luz artificial que mantiene su intensidad a lo largo del tiempo: bombillas, fluorescentes, leds, etc.

Existen muchísimas marcas y soluciones de luz continua para el mundo audiovisual y están en constante evolución. El principal problema que ha tenido la luz continua para fotografía es el calor que produce, así como el alto gasto energético, solucionado en los últimos años con las luces de led (aunque ya existían los fluorescentes, etc.).

La elección de luz continua o flash es personal, aunque, en algunos casos, dependiendo lo que queramos conseguir, una nos funcionará mejor que otra. En el caso de la continua, nos permite jugar con la velocidad de obturación y conseguir líneas de luz en movimiento, algún elemento movido cayendo dentro del plano, etc.

Considero que la principal ventaja de la luz continua es que puedes ver su efecto en el set directamente, lo que puede ser bastante útil con sets de luz complejos. Por otro lado, existen menos accesorios que nos pueden servir en fotografía de producto para luz continua.

MODIFICADORES

Entendemos como modificadores todos aquellos accesorios que se colocan entre el punto de luz y el motivo que vamos a fotografiar, y que hará variar la dirección de los rayos de luz. Generalmente, amplían la medida de la fuente de luz por medio de telas difusoras, aunque también existen modificadores que concentran los haces de luz o les aportan una dirección concreta.

_**Paraguas**. Uno de los difusores más usados, y existen dos versiones: los de rebote y los translúcidos. Los primeros tienen una tela de color plateado o blanco que hace rebotar los rayos de la fuente de luz. Los translúcidos tienen una tela difusora que crea un efecto similar. Suelen ser baratos y muy fáciles de montar pero, por contra, su dispersión de la luz no es homogénea y en algunos trabajos puedes ver el reflejo de las varillas en superficies brillantes.

_**Ventanas**. Modificadores que se sujetan delante de la fuente de luz y que permiten ampliar la medida de la misma. El interior de la ventana está recubierto con un material metalizado que optimiza la luz al máximo y, en la parte frontal, tienen una tela blanca que es atravesada por los rayos de luz. Existen infinidad de medidas de ventanas que pueden ir desde los 30 cm hasta los 2 m o más. Las más habituales son cuadradas o rectangulares, pero existen también ventanas de forma octogonal que se conocen como *octabox* o ventana octogonal.

_**Difusores de papel**. Otro método para modificar la luz es el uso de papel difusor. Generalmente, se compra en rollo o en láminas y existen muchísimos modelos con diferentes grados de difusión de la luz. Los hay de papel y de tela y son útiles cuando buscas una difusión concreta. Además, si usas rollos de papel, puedes tener el modificador a la medida que desees para controlar más la luz. Puedes usarlos desenrollados con la ayuda de un pie o con un marco de aluminio diseñado para este fin. Un poco más adelante veremos un sistema que nos permitirá hacer nuestro propio difusor.

_Reflectores. Informalmente, también se les llama *boles* por su forma. Estos modificadores se colocan en el frontal de la fuente de luz y dirigen la luz dependiendo de su forma. Existen muchos modelos y suelen categorizarse en función del ángulo de luz que producen. El interior es metalizado, lo que permite mejorar el rendimiento, y suelen aumentar la intensidad de la fuente de luz.

Ventana de 60 × 90 cm, un reflector, una ventana tipo *stripbox* y un *snoot* o cono.

_Panal de abeja. El panal de abeja evita que el haz de luz se expanda. Básicamente, es una rejilla negra que se coloca delante de una fuente de luz. Existen en versión rígida para luces pequeñas y en tela, que se usa para ventanas y superficies grandes. El nombre de panal de abeja viene por la similitud de la forma con un panal de abejas. Dentro de los panales de abeja rígidos existen diferentes modelos en los que varía el ángulo de salida de la luz, dependiendo de la profundidad de los tubos y de su diámetro.

_ Snoot. Tiene forma cónica y produce una concentración del haz de luz en un punto, permitiendo iluminar una zona concreta de un objeto. Se puede usar junto con el panal de abeja.

REFLECTORES

Otra manera de iluminar es aprovechando la luz residual, ya sea de nuestras luces o de la luz ambiente. Se usan superficies blancas, plateadas o doradas para que la luz rebote hacia nuestra escena y destaque partes de la fotografía o suba la exposición de las sombras.

Dos reflectores pequeños en uso con diferentes sistemas de sujeción.

En el mercado se pueden encontrar reflectores plegables de muchas formas y medidas, reversibles, etc. En mi caso, prefiero usar reflectores hechos a medida, ya que tengo un amplio abanico donde escoger. Además, para la fotografía de producto, los reflectores comerciales suelen ser demasiado grandes.

Realmente nos podría servir cualquier material blanco, como un papel, pero, para mí, la mejor opción es el cartón pluma. El cartón pluma está compuesto por dos planchas de cartón blanco (o negro) por fuera y está separado por una espuma en el interior. Es rígido, fácil de cortar y barato. Esto me permite cortar los reflectores a la medida que necesite en cada situación.

LA ILUMINACIÓN

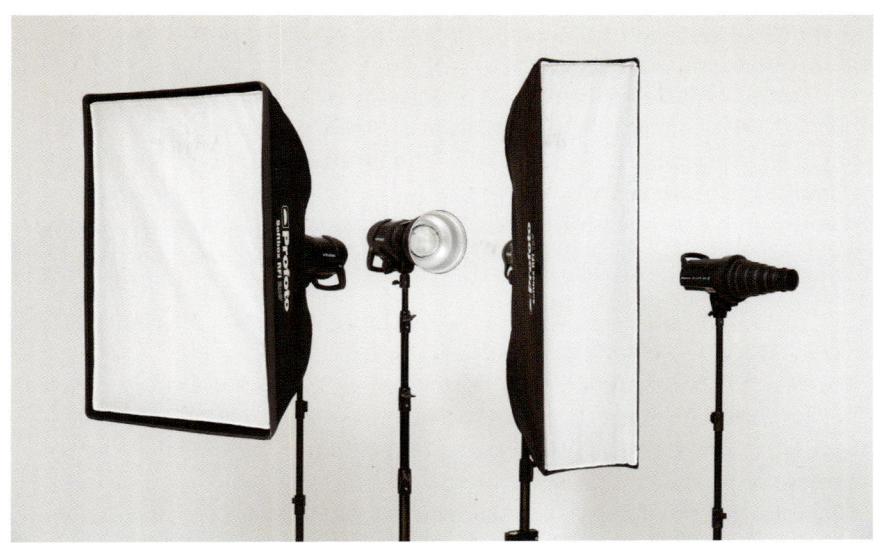

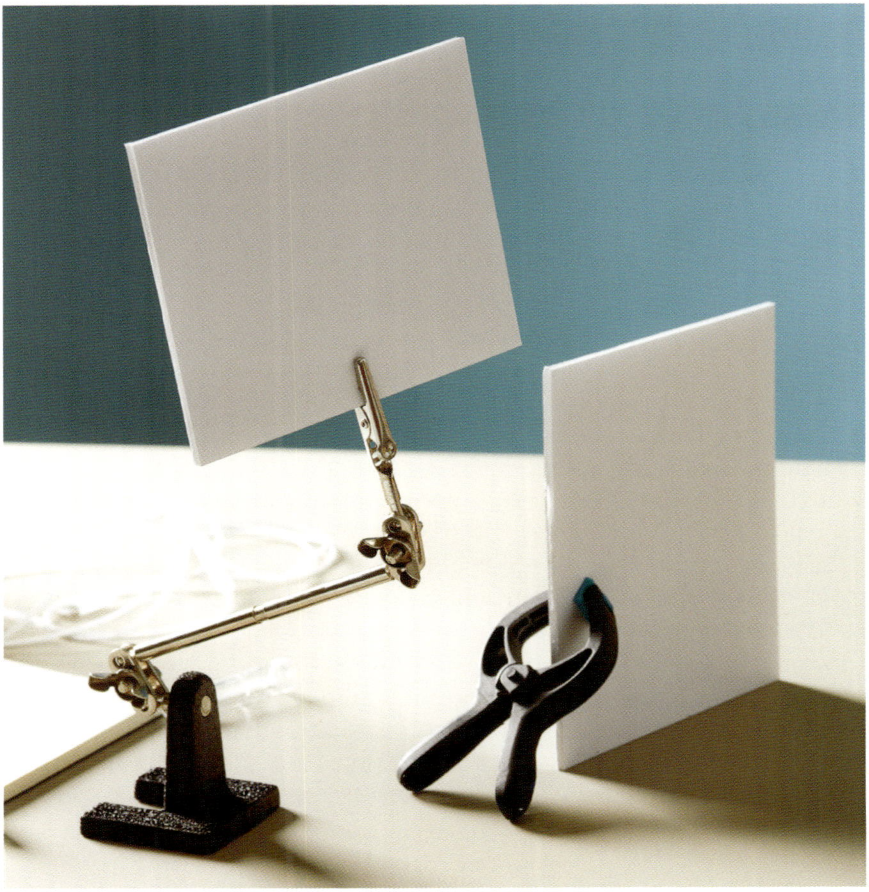

Si queremos tener reflectores plateados, solo necesitamos pegar cartulina metalizada al cartón pluma.

A veces también uso planchas grandes de poliestireno expandido que me sirven como reflectores grandes, y suelo pintar una de las caras con pintura negra para bloquear luz o quitar reflejos en las superficies.

Veamos un ejemplo en este pequeño bodegón. Está iluminado con un solo punto de luz a través de una ventana de 60 × 90 cm, a metro y medio de la escena.

Escena iluminada por un único punto de luz.

Para levantar la exposición en la parte derecha de los vasos y las sombras, ponemos un reflector blanco de 30 × 30 cm a la derecha de la cámara. Ajustando el ángulo y la separación, podremos modificar el efecto del relleno.

Al usar un reflector blanco, los vasos y las sombras ya no estan en penumbra.

Vamos a añadir un segundo reflector para levantar las sombras en el interior de los vasos. En este caso, usaremos un reflector plateado que nos dará más intensidad en el rebote. Está ubicado a la izquierda de la cámara, apuntando directamente dentro del vaso. Con los reflectores plateados, tendremos que ajustar bien su ubicación usando la luz de modelado del flash porque, al actuar como un espejo y no como una superficie difusa como el reflector blanco, el ángulo de incidencia es pequeño.

Con el reflector plateado, ganamos detalle en el interior del vaso.

Pies para reflectores

Aunque podemos hacerlo con la mano, a menudo nos será útil dejar los reflectores en su lugar. Existen soluciones especialmente diseñadas para ello, como brazos flexibles, *magic arms*, y otras soluciones sencillas y económicas.

Si estamos usando un reflector rígido, podemos apoyarlo en cualquier elemento que podamos mover, aunque considero que el mejor sistema es usar pinzas de bricolaje. Existen en muchísimas medidas y formas y son económicas.

Para reflectores pequeños uso un brazo articulado con una pinza que me permite poner el cartón pluma en casi cualquier posición. También utilizo un soporte para soldar electrónica que se suele llamar *tercer brazo*, ya que ayuda a sujetar componentes mientras se sueldan. Generalmente,

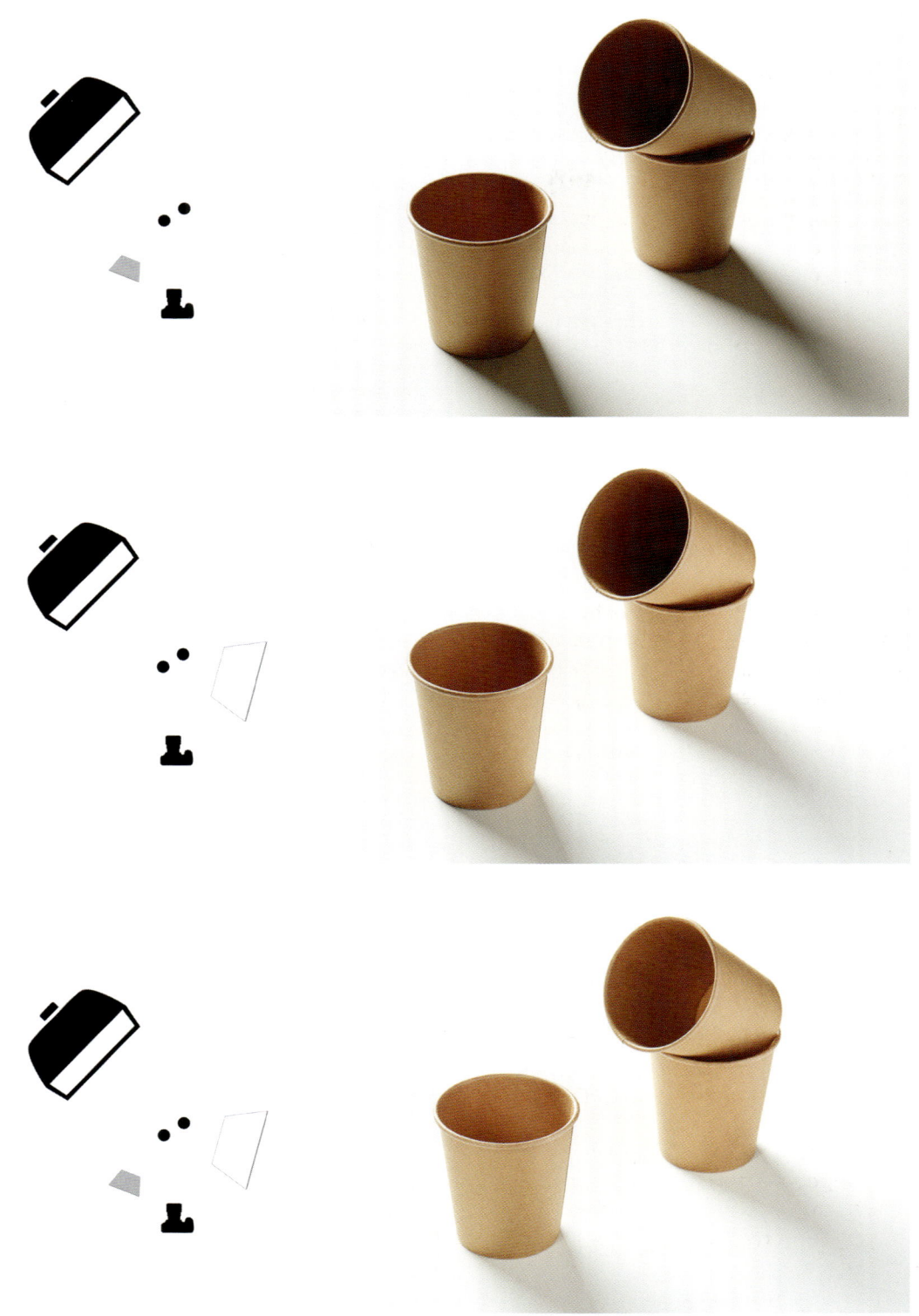

viene con una lupa y dos pinzas. En mi caso, suelo retirar la lupa y una de las pinzas para tener un brazo ajustable. Es realmente sencillo de hacer y no se necesita material extra. Con esto conseguimos un pequeño brazo estable que permite sujetar reflectores u otros elementos para nuestras fotografías.

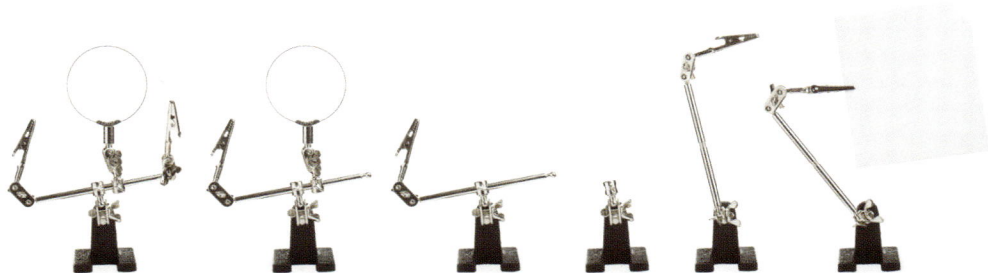

Aquí se puede ver el proceso que sigo para adaptar el tercer brazo en un soporte para reflectores.

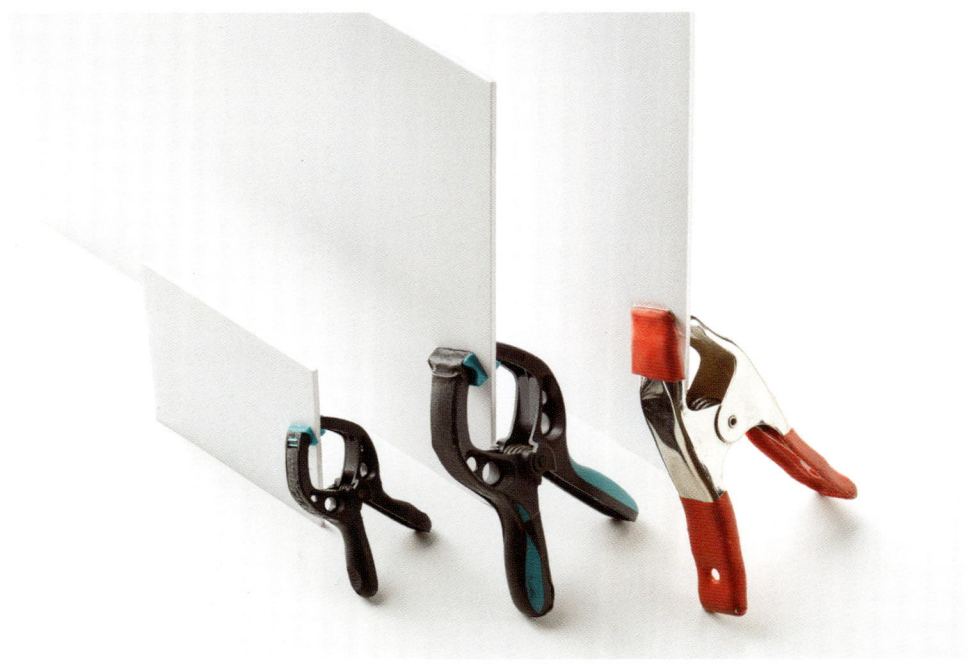

Diferentes pinzas sujetando reflectores.

LA ILUMINACIÓN

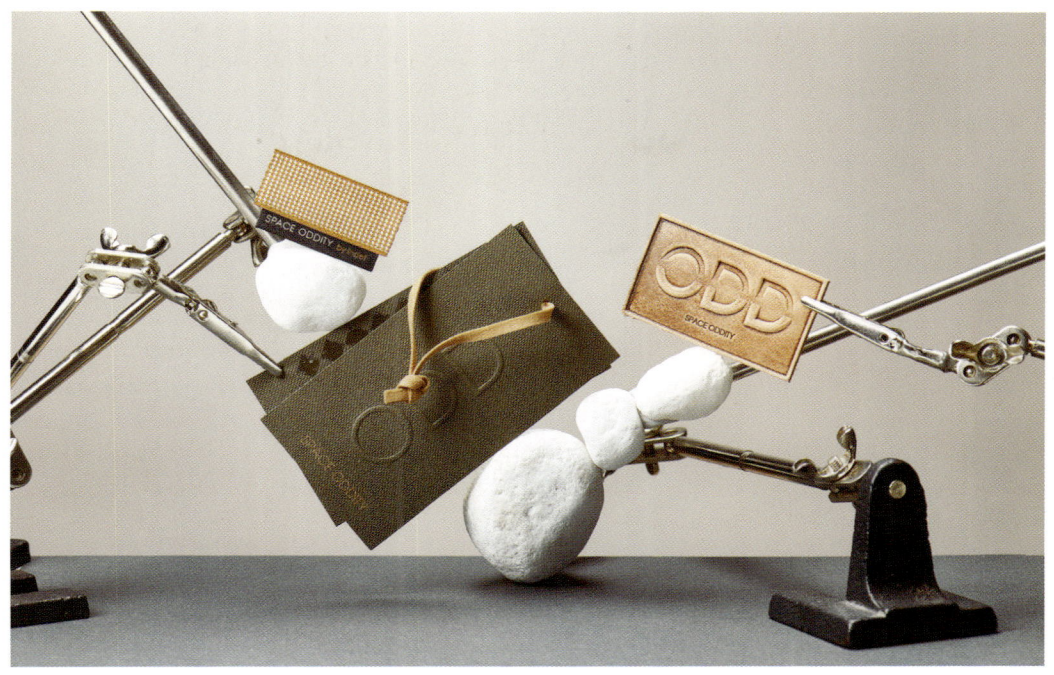

Además de sujetar reflectores, este brazo nos permite aguantar otros elementos y objetos que queremos que aparezcan levitando, en equilibrio, etc.

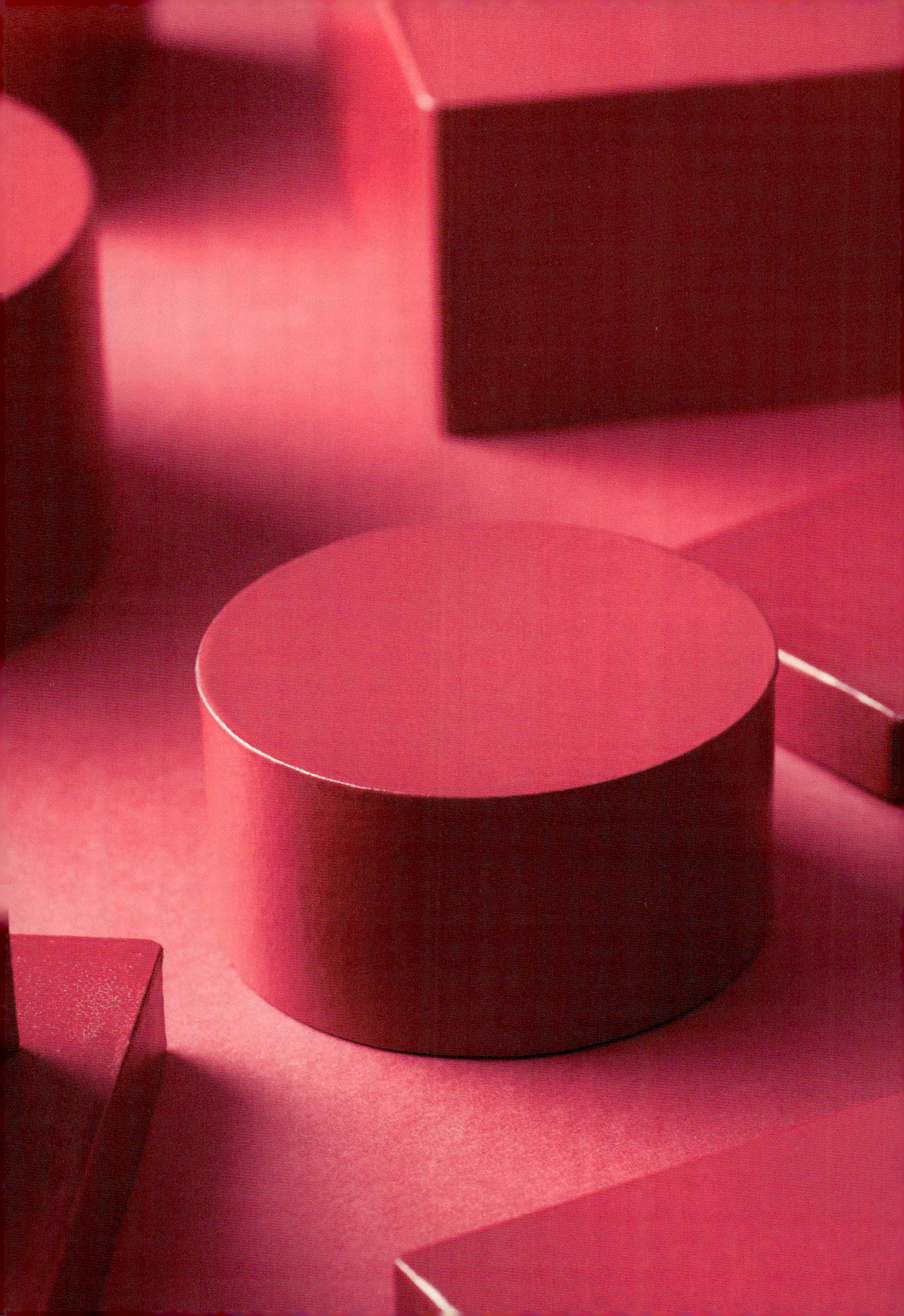

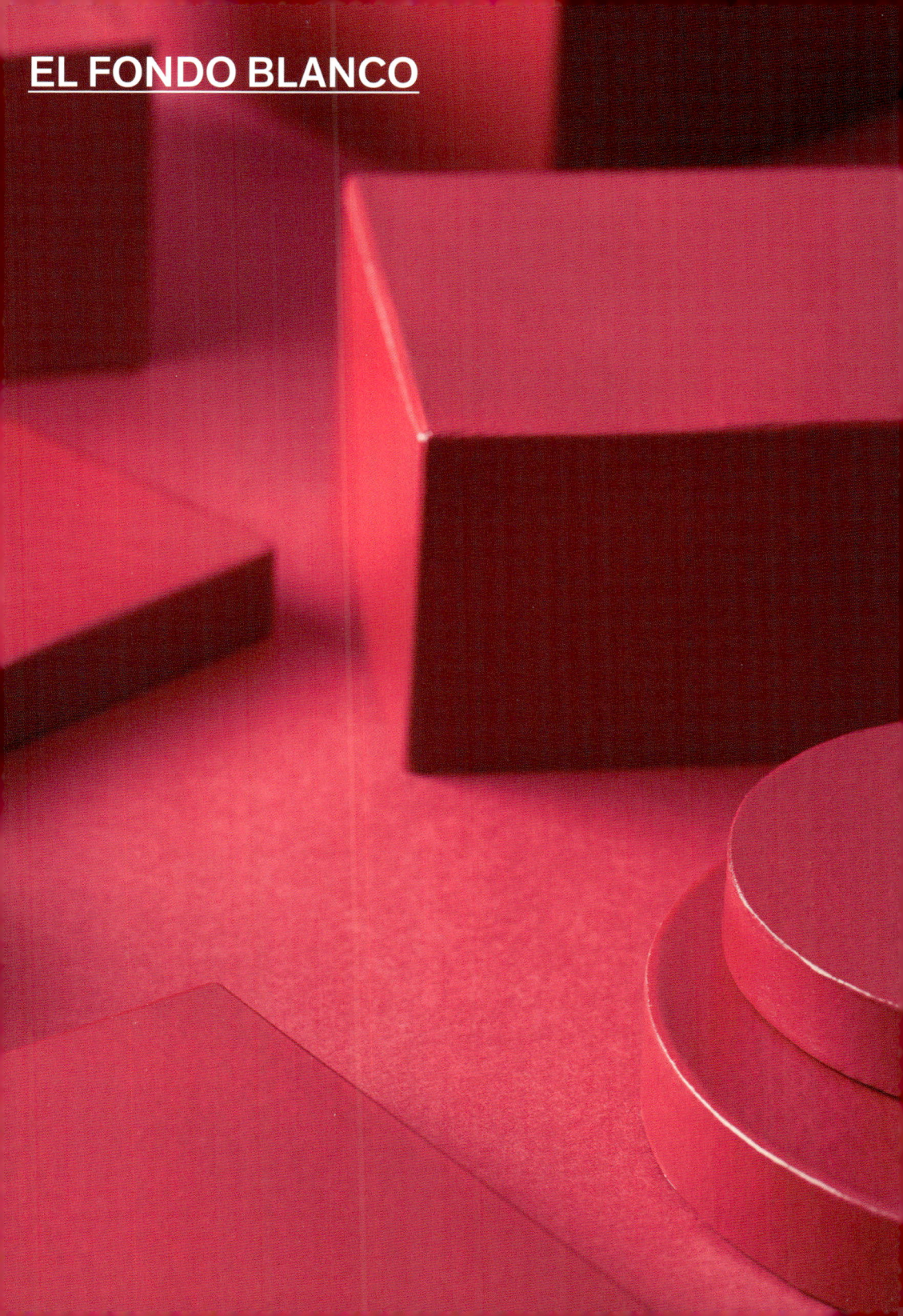
EL FONDO BLANCO

Es muy común que lleguen encargos en los que se nos pida fotografiar objetos sobre fondo blanco. Aunque *a priori* pueda parecer la tarea más sencilla, esconde muchísimas posibilidades y problemas que un buen fotógrafo deberá ser capaz de afrontar con garantías. En este capítulo veremos diferentes maneras de crear una fotografía sobre fondo blanco y nos daremos cuenta de cuándo nos puede venir mejor un sistema u otro, dependiendo del tipo de producto que vayamos a fotografiar.

FONDO CONTINUO

El fondo blanco continuo es, quizás, el más obvio y común. Es un fondo que hace a la vez de base y pared, doblándose suavemente en cierto punto. Esto se puede conseguir con una simple cartulina, con alguna cartulina plástica tipo Plakene® o usando una mesa de bodegón con una base de metacrilato. Esta última opción os puede servir, aunque, en mi opinión, la sencillez de una cartulina o similar gana a la pesada, cara y poco manejable mesa de bodegón.

El objeto en penumbra solo está iluminado con el flash posterior.

Este tipo de esquema es muy útil para grandes volúmenes de fotos, ya que se adapta fácilmente a diferentes medidas de objetos, pero no es el más indicado para productos con brillos como metales, cristal, etc.

Para este tipo de fotos, lo más recomendable es usar un mínimo de dos puntos de luz: uno para iluminar el fondo y otro para el objeto. Para iluminar el producto, lo mejor es usar luces de bajo contraste que no generen sombras demasiado duras en la base ni en el objeto. Además, en la mayoría de los casos, necesitaremos levantar las sombras del lado opuesto a la luz del objeto. Podemos usar una segunda ventana, aunque es muy posible que con un simple reflector blanco consigamos un buen resultado.

Fotografía usando ambos flashes con el objeto correctamente iluminado.

En el ejemplo contiguo, se ha usado una luz posterior para tener un fondo lo más blanco posible y una segunda luz para iluminar la parte frontal que quedaba oscura. Siempre es recomendable empezar con la luz posterior y ajustar la potencia hasta obtener un fondo blanco o casi blanco. Si disparáis conectados a un ordenador podréis, fácilmente, muestrear diferentes partes del fondo para ver el punto de gris resultante (recordad que el blanco puro es un valor de 255 en todos los canales de RGB).

EL FONDO BLANCO

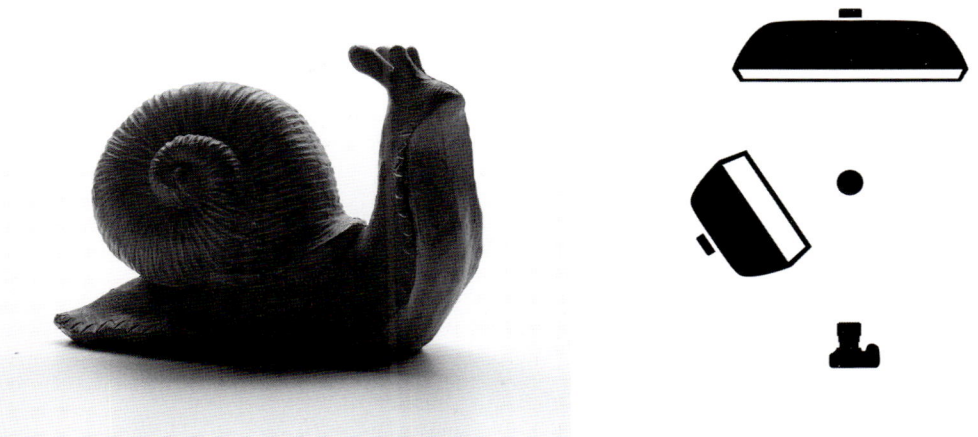

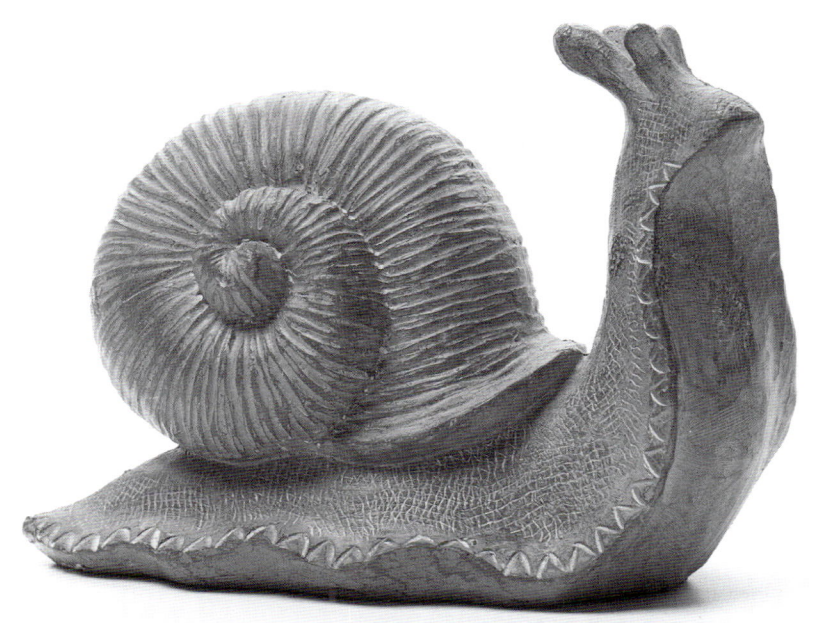

Canon 6D ISO100 1/100 f/11 70 mm.

La luz que ilumina el caracol esta situada en el lado izquierdo de la cámara para iluminar el caracol de forma uniforme. La posición de esta luz puede variar en función del producto fotografiado así como también podríamos añadir una segunda luz en el lado opuesto o un reflector.

FONDO BLANCO CON BASE TRANSPARENTE

Este es un método curioso a la vez que muy útil para situaciones concretas. Nos permite crear fácilmente fotografías con productos completamente aislados de un fondo blanco puro y sin sombra. Esto puede conllevar consecuencias positivas y negativas. Por un lado, la posproducción en estas fotos es muy rápida, ya que tenemos asegurado un fondo completamente blanco. Por otro, no podemos conseguir una sombra del producto que nos permita entender que está encima de alguna superficie.

> Aquí vemos el caracol de metal iluminado por la ventana, a la izquierda de la cámara y todo el fondo perfectamente blanco y recortado.

Para tomar fotografías sobre fondo transparente, debemos conseguir una plancha de metacrilato transparente (u otro material rígido similar) para usarlo como base. Para aguantarla, según la situación, podemos usar caballetes, pies con pinzas, etc. Una vez tengamos la base, solo nos falta ubicar el fondo en el suelo a cierta distancia del metacrilato. Hecho esto, ubicaremos una o dos luces Iluminando el fondo para conseguir que sea homogéneo y las luces correspondientes para el producto. Básicamente, estamos iluminando por separado el fondo y el producto, de manera que evitamos que se mezclen las luces. Podemos aprovechar este set para conseguir, por ejemplo, fotografías sobre fondos de colores (usando gelatinas de color en las luces o fondos de colores).

También nos puede resultar útil para algunos catálogos donde tengamos poco tiempo y muchos productos o para fotomontajes donde queramos fotografiar algunos elementos que juntaremos en posproducción, etc.

EL FONDO BLANCO

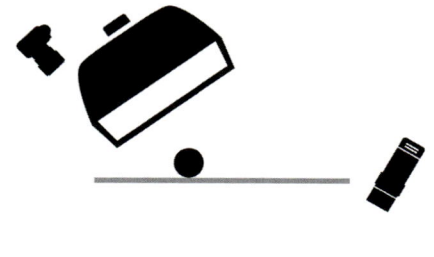

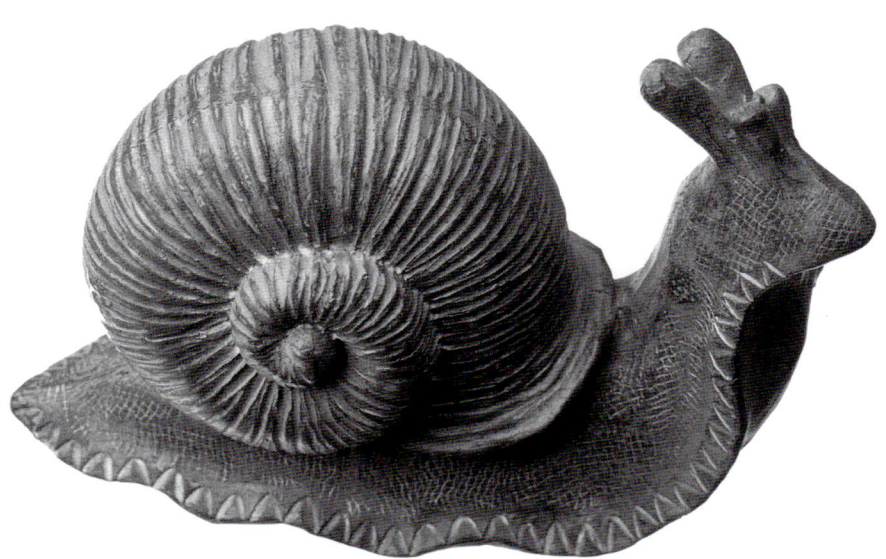

Canon 5dsR ISO100 1/100 f/11 50 mm.

BASE PLANA CON FONDO VERTICAL

En este caso, veremos el que para mí es el mejor sistema para hacer fotografías sobre fondo blanco. Es el más versátil y se puede adaptar a cualquier tipo de producto y situación. Es también el que requiere más conocimientos y equipo para lograr un buen resultado.

Como indica el título de la sección, se trata de tener una base sobre la que colocar el producto y un fondo (una pared, un panel difusor, una ventana, etc.) que iluminaremos por separado.

La base donde estará el producto puede ser de materiales muy diversos: plásticos, cartulinas o metacrilato. En este último caso, conseguiremos un efecto de reflejo directo (tipo espejo) en la base.

Si nos centramos en conseguir un fondo blanco con un reflejo directo usando un metacrilato, el mejor método pasa por usar un metacrilato negro. Puede parecer extraño, pero ya hemos comentado que el metacrilato es una superficie brillante que crea reflejos directos. Esto nos permite usar el fondo blanco (la ventana, el difusor, etc.) para crear un reflejo sobre toda la base del metacrilato.

La diferencia entre usar un metacrilato blanco o negro la podéis ver a continuación. El metacrilato blanco da como resultado un reflejo lechoso, lavado y, por el contrario, la base negra nos permite conseguir un reflejo limpio del producto.

Es importante entender cómo funcionan los reflejos sobre los diferentes materiales para adaptar este tipo de esquema a nuestras necesidades. Debemos saber que la luz del fondo tiene que estar en un determinado ángulo, dependiendo de la ubicación de cámara, ya que, si no, podemos no obtener una superficie homogénea. La superfície de la fuente de luz tiene que cubrir toda la superficie del reflejo para evitar tener líneas negras o superficies poco regulares.

En la muestra de la izquierda vemos el reflejo del metacrilato completamente blanco y en la de la derecha vemos cómo se corta a la mitad.

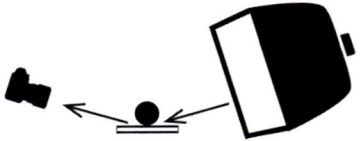

EL FONDO BLANCO

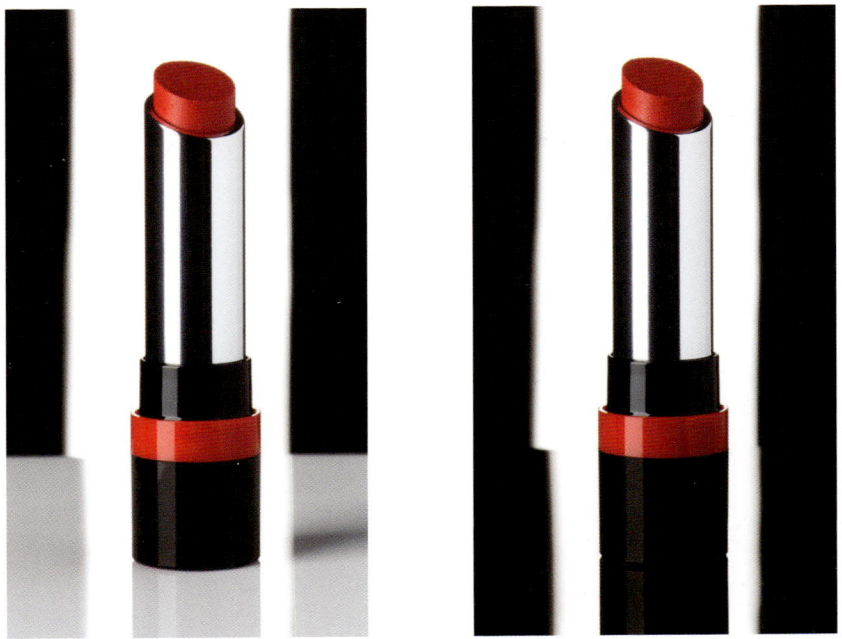

Comparativa entre el reflejo producido por un metacrilato blanco y uno negro.

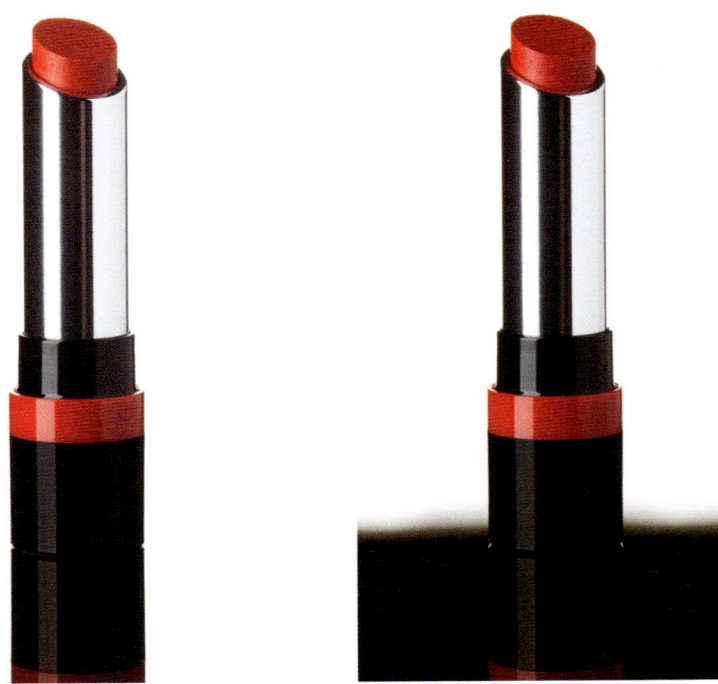

CAJA DE LUZ

Para muchos aficionados, fotógrafos o empresas, la primera solución que se les ocurre para fotografiar sus productos sobre un fondo liso es usar una caja de luz translúcida. Estas cajas suelen estar recubiertas con un material que permite el paso de la luz y suelen ser plegables. Las hay de muchas medidas, desde cubos de 40 cm hasta 2 m, pasando por diversas formas para adaptarse a determinados proyectos.

Ejemplo de uso de una caja de luz con dos luces laterales.

En general, no soy muy partidario del uso de cajas de luz. Son rápidas, pero permiten poco control sobre los reflejos y brillos del producto. Además, al poco de usarlas, suelen verse arrugas en la tela y el planchado no es sencillo. Hay casos en que su uso puede ser interesante, por ejemplo si fotografiamos objetos que no sean brillantes. Veamos algunos ejemplos de esquemas que nos pueden resultar útiles. Para iluminar el objecto con una sola luz, la mejor opción es situarla justo encima de la caja, en posición cenital. Esto nos va a crear una iluminación envolvente y nos va a dar como resultado un fondo bastante blanco. La distancia a la que esté situada la luz también nos hará variar el resultado. Entre 50 y 100 cm puede ser una buena manera de empezar.

Resultado de usar la caja de luz con un punto de luz en posición cenital.

Si queremos utilizar dos luces, las podemos situar a ambos lados de la caja para iluminar correctamente el producto. Además, al usar dos luces podremos variar la relación de intensidad entre ambas para así ganar o perder contraste lumínico.

Al usar dos puntos de luz tenemos más control sobre el resultado.

A continuación, vamos a cambiar de objeto: usaremos una botella de cerveza. Tendremos reflejos directos y otras dificultades añadidas. Utilizaremos una única luz pero en este caso va a ser lateral en el lado izquierdo.
    Si comparamos ambos objetos, en el caso del caracol obtenemos un buen resultado, pero con la botella, como veremos, tenemos muchos problemas con los reflejos de la caja. Lo podríamos solucionar recubriendo parte de la caja con cartulina negra o terciopelo, pero creo que entonces perderíamos la simplicidad y rapidez de uso que suelen relacionarse con el uso de este tipo de difusores.

EL FONDO BLANCO

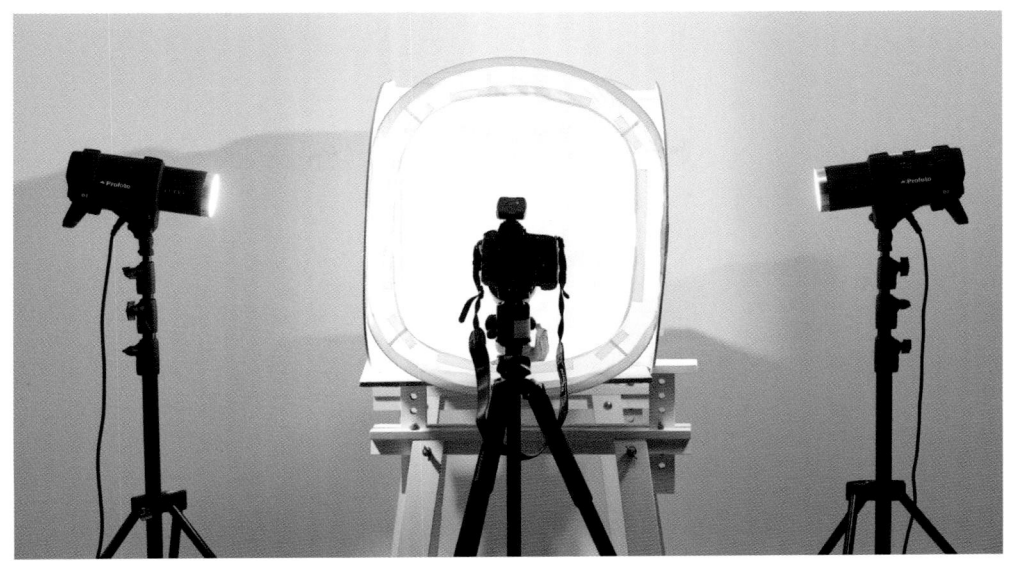

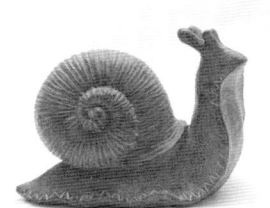

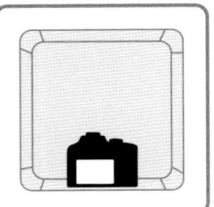

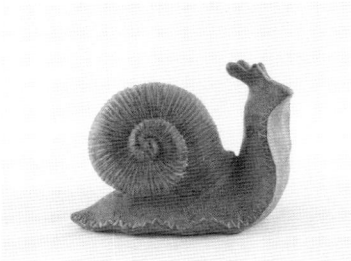
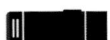
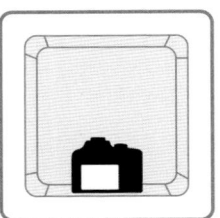
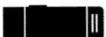

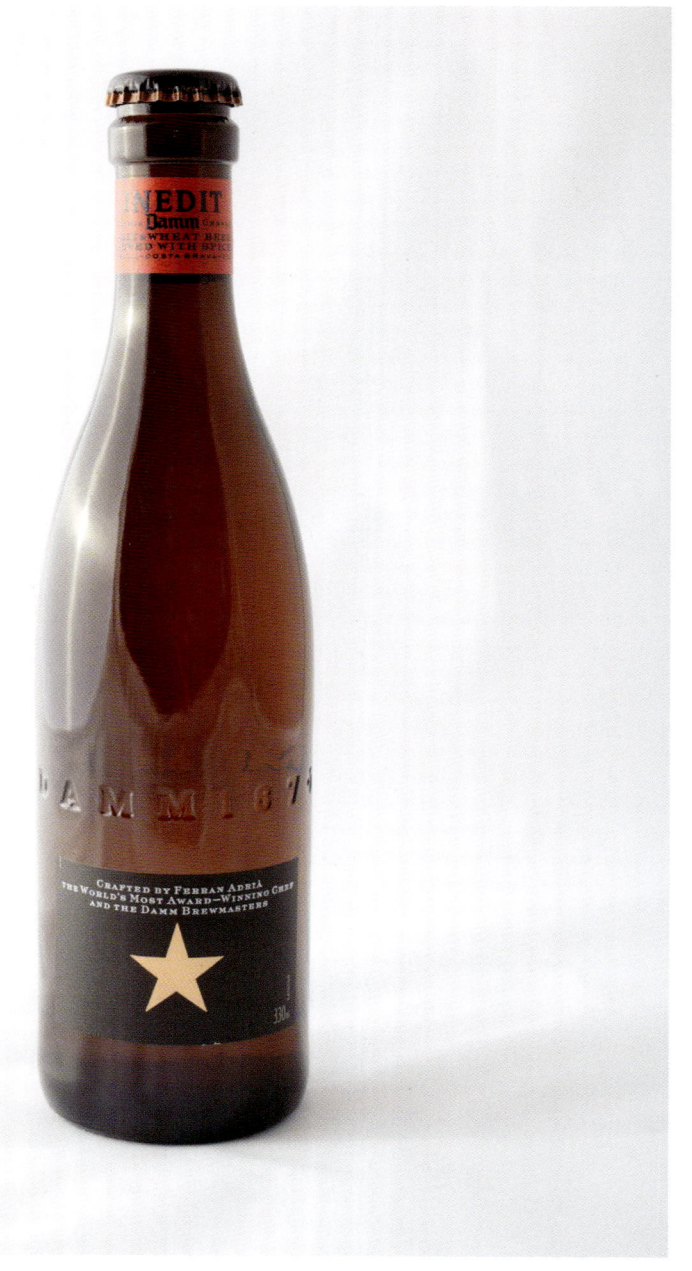

En toda la botella aparecen reflejos de la caja, de la apertura frontal y, en el lateral izquierdo, se ve el destello de la fuente de luz, ya que la tela difusora no es capaz de generar una superficie uniforme.

EL FONDO BLANCO

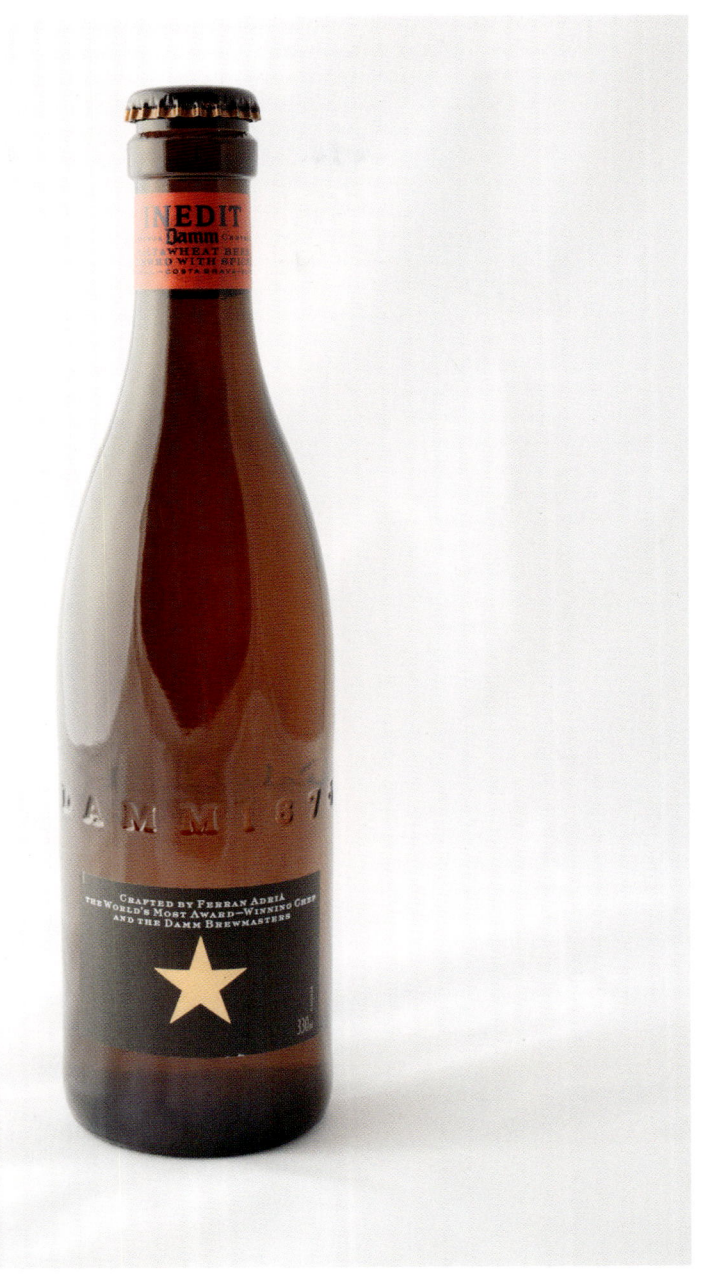

Para solucionar el problema del destello en el reflejo izquierdo, añadimos un papel difusor entre a fuente de luz y la caja (también podríamos añadir una ventana o paraguas al flash). El resultado es un reflejo más uniforme que en el primer caso, aunque no solucionamos el resto de los reflejos de la botella.

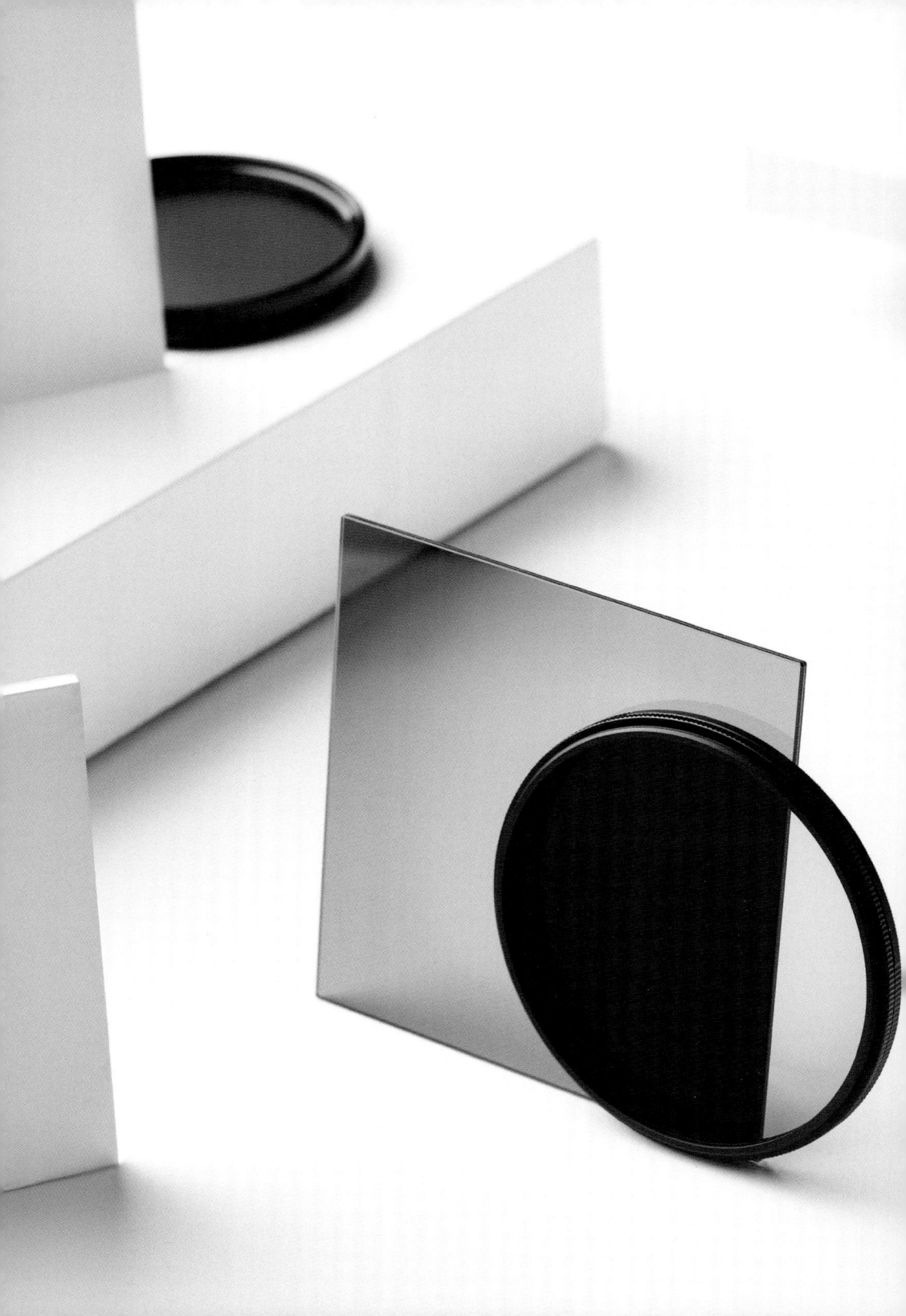

LA POLARIZACIÓN

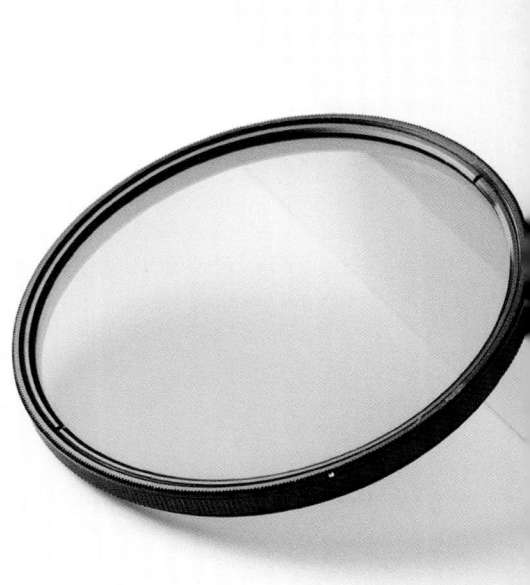

Como hemos visto, la luz es una energía electromagnética en forma de ondas que vibran en todos los planos. Cuando una onda pasa a través de un filtro polarizador conseguimos que solo vibre en un plano concreto.

Las ondas de luz se mueven en todos los planos pero, cuando atraviesan un filtro polarizador, se mueven en un solo plano.

En el día a día convivimos con muchos elementos que reflejan luz polarizada, como el mar, el cristal o el plástico. Al usar un polarizador delante del objetivo, controlamos cómo nos llega el reflejo sobre estos materiales girando el polarizador. No solo afecta a los reflejos directos, sino también afecta, en otra medida, a reflejos difusos, y nos permite decidir si queremos enfatizar o reducir determinados reflejos.

Es importante tener en cuenta que el uso de un polarizador viene acompañado de una pérdida de luz que deberemos compensar. Dependiendo del polarizador, la pérdida suele oscilar entre 1 1/2 y 2 pasos de luz.

Existen dos tipos de polarizadores: lineales y circulares; esto se refiere a cómo se usa el filtro para dejar pasar unas ondas concretas a través de él y no a la forma del filtro (en la mayoría de los casos, son redondos). La principal diferencia entre ellos es que los lineales no permiten el correcto funcionamiento del fotómetro de cámara y los circulares sí. Actualmente, casi todos los polarizadores son circulares. Aparte de los filtros de cristal, existen láminas de plástico flexible con un tratamiento especial que les permite conseguir luz polarizada. No se usan delante de la cámara sino delante de la fuente de luz, como veremos más adelante.

El uso de un polarizador nos ayuda a reducir los reflejos del mármol en la botella de vino.

En el capítulo siguiente veremos dos formas de usar filtros polarizadores: la simple, usando un filtro en la cámara, y la cruzada o doble, usando un filtro en la cámara y una lámina polarizadora en la fuente de luz.

POLARIZACIÓN SIMPLE

Vamos a ver un ejemplo de polarización simple, usando solo un filtro delante de la cámara. Usaremos diferentes objetos sobre un metacrilato negro. La fuente de luz está a 180° de la cámara y el único cambio entre

LA POLARIZACIÓN

Filtro polarizador

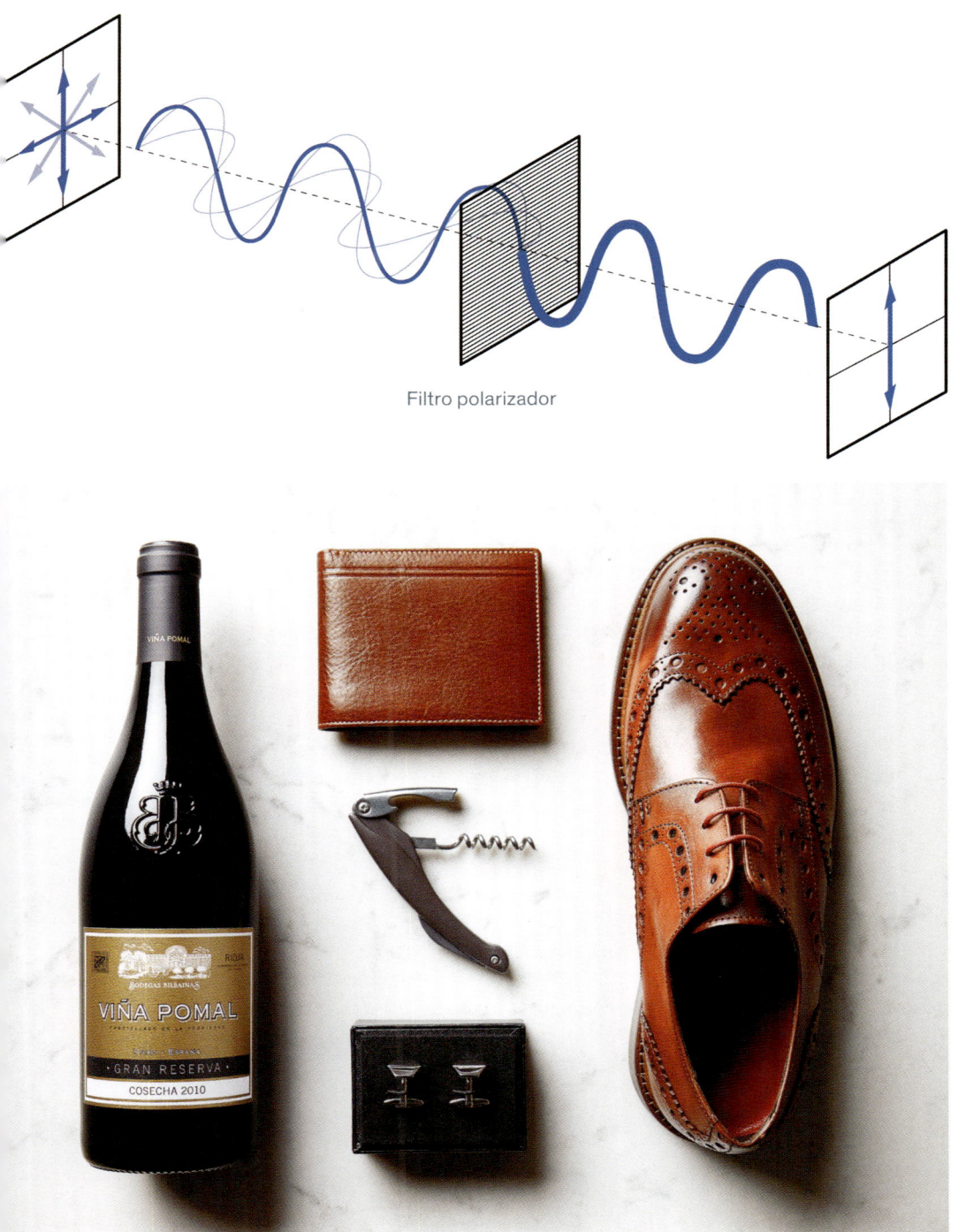

ambas fotografías es la rotación de 90° del polarizador. En el ejemplo izquierdo, el metacrilato refleja la fuente de luz posterior y se funde con la superficie del fondo blanca. También observamos algunos brillos en el monograma del pintalabios negro, así como un brillo en la parte superior del caparazón del caracol. Al girar el polarizador 90°, el metacrilato tiene un brillo mucho menos intenso, el monograma del pintalabios es menos visible y el caparazón del caracol pierde el brillo. En el caso de la cuchara de helado, no ha habido cambio alguno entre ambas fotografías, ya que el metal (sin pintar) no se ve afectado por el uso del polarizador.

POLARIZACIÓN CRUZADA

Al principio del capítulo hemos visto que, de forma natural, algunos materiales reflejan la luz polarizada (o lo hacen de forma parcial) y otros no. Para controlar estos reflejos, podemos usar una lámina polarizadora delante de la fuente de luz que, junto con el polarizador de cámara, nos permitirá tener un control casi total de los reflejos.

Así como en cámara vamos a usar un polarizador de cristal, lineal o circular, en la fuente de luz usaremos una lámina de plástico polarizado. Se venden en hojas o en rollo (igual que los filtros de colores) y se sujetan delante de la fuente de luz con un portafiltros, pinzas, cinta, etc.

Como pasa en cámara, al usar un polarizador sobre la fuente de luz perderemos entre 1 1/2 y 2 pasos de luz. Es importante tenerlo en cuenta, ya que esta pérdida, sumada a la del filtro de cámara, puede hacernos perder hasta 4 pasos de luz. También tendremos que vigilar de no calentar el filtro en exceso, ya que puede perder la cobertura polarizadora.

Veamos de nuevo el ejemplo anterior. Al polarizar también la fuente de luz, conseguimos eliminar completamente todos los reflejos sobre el metacrilato y obtener un negro puro. El brillo sobre la cuchara de helado es también menor. Si nos fijamos en el reflejo de la bola de la cuchara, veremos una franja negra donde la polarización es total. El motivo por el que no podemos eliminar el reflejo por completo es que, como es un elemento esférico, el polarizador solo puede funcionar y eliminar los reflejos de un plano concreto.

LA POLARIZACIÓN

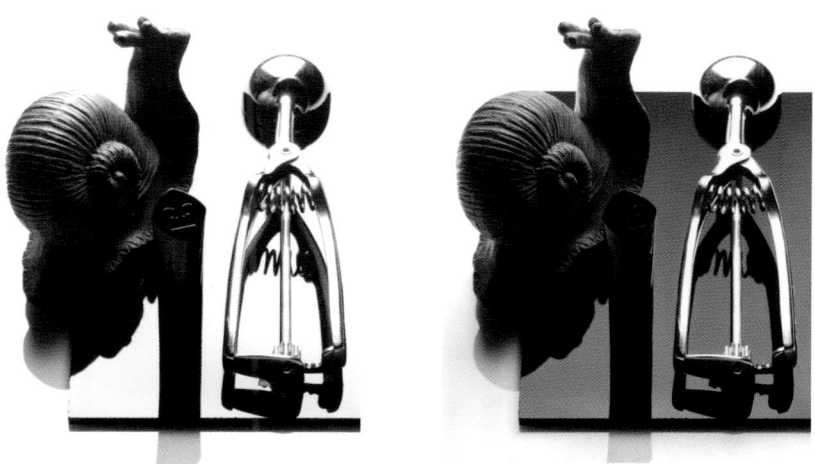

Sin polarizador y con polarizador

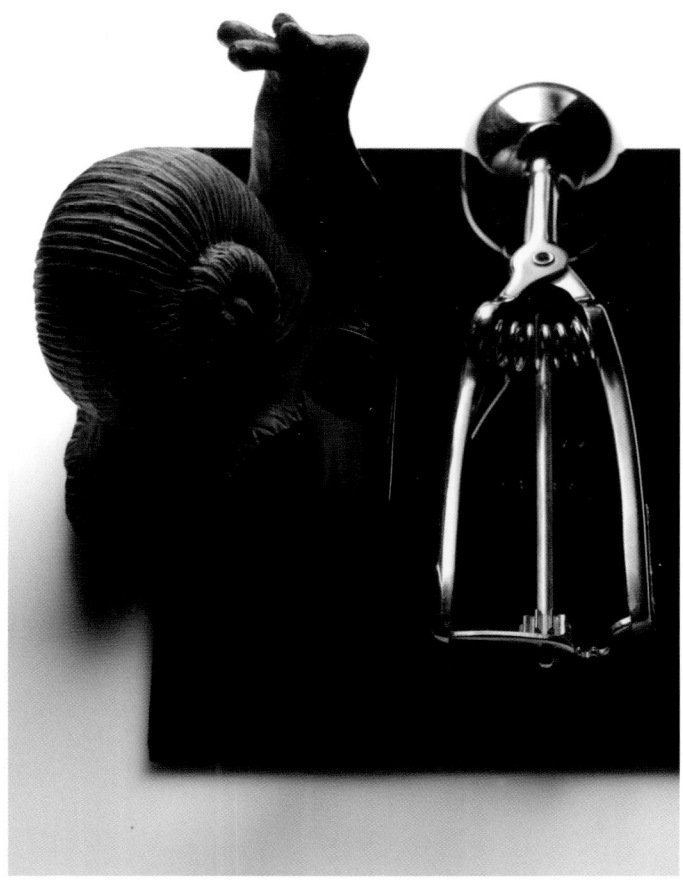

Polarización cruzada

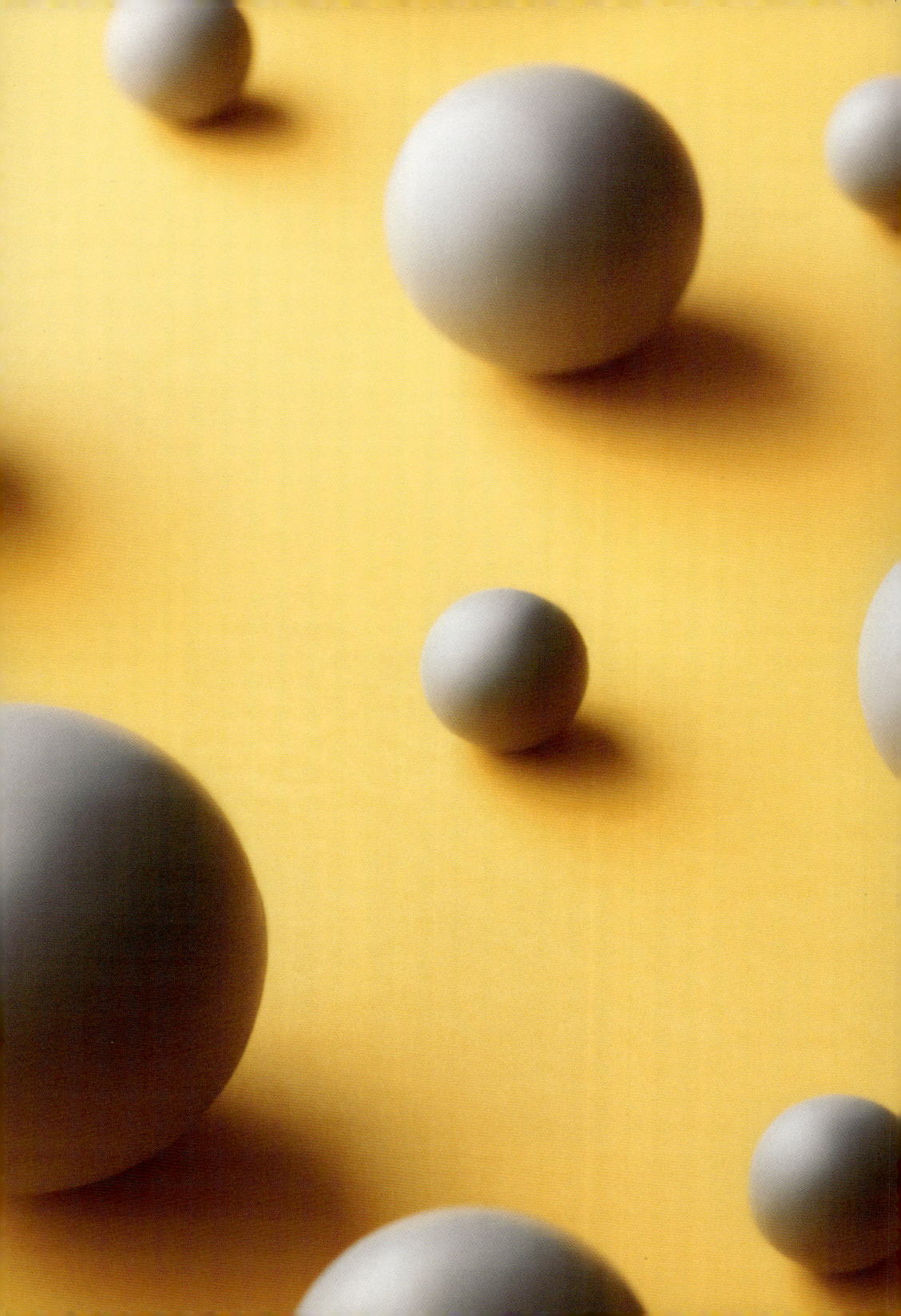

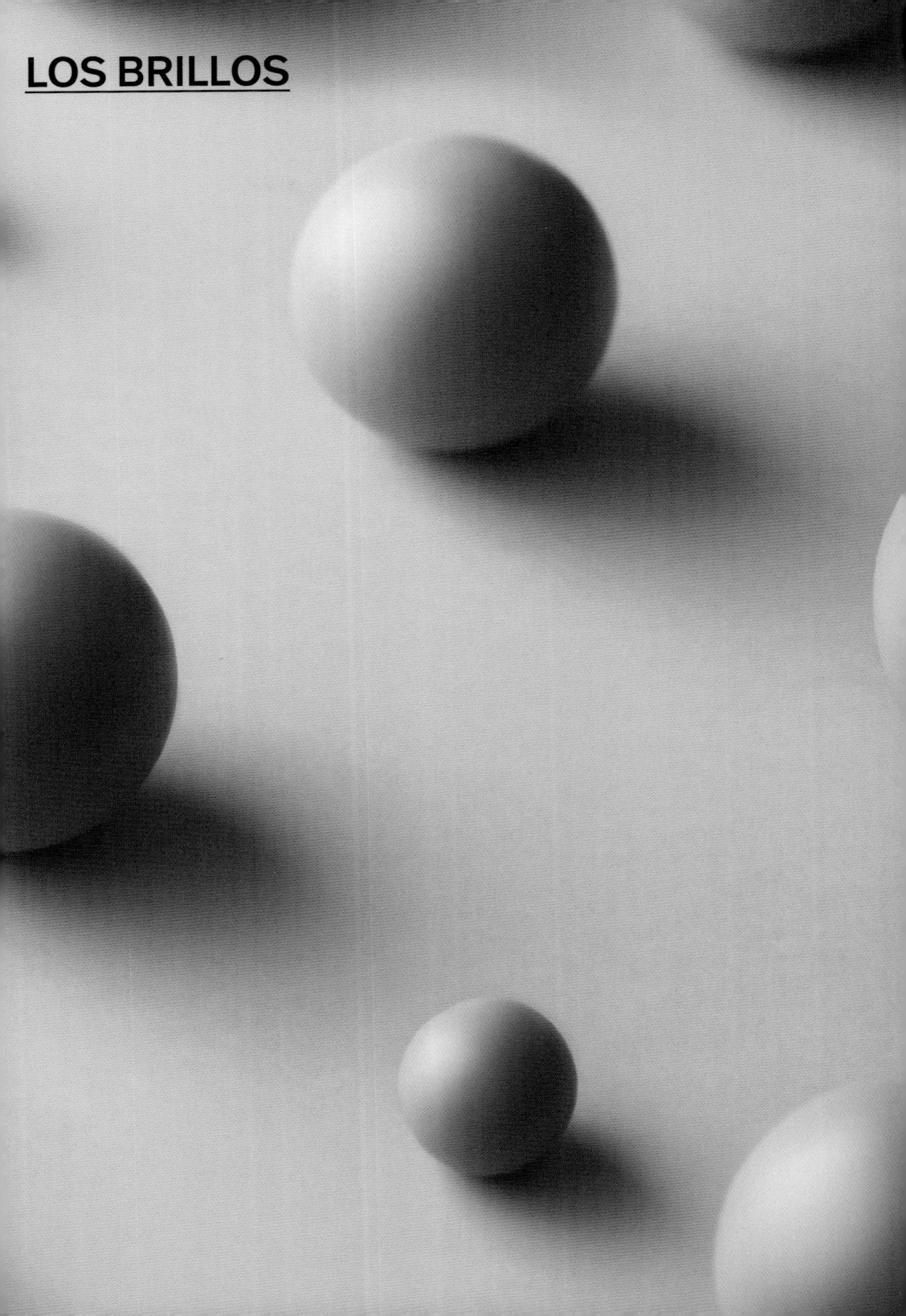
LOS BRILLOS

Cuando la luz rebota sobre un objeto, lo hace visible. Pues bien, según la naturaleza de este objeto, los rayos de luz rebotarán de una u otra forma.

Podemos diferenciar dos tipos de reflejos: difusos y directos. Los reflejos difusos son aquellos en los que los rayos de luz rebotan en diferentes direcciones. Esto se da en materiales como el papel y otras superficies mate en diferentes grados, ya que no existen reflejos difusos puros y, según el material, lo serán más o menos. En un reflejo difuso, por mucho que movamos la cámara, el brillo del reflejo será el mismo.

> Estas dos fotografías están tomadas con la cámara a dos alturas diferentes sin mover el esquema de luces. Al estar iluminando materiales que producen reflejos difusos, el brillo del material en las dos fotografías es el mismo y prácticamente no hay cambios.

Por otro lado, los reflejos directos, también llamados *reflejos especulares*, producen una imagen de la fuente de luz (invertida), cristal, metal pulido, etc. En ellos, la luz rebota en el ángulo inverso en el que ha impactado contra la superficie. Esto provoca que, dependiendo de la ubicación de la cámara o la fuente de luz, veamos o no el brillo.

> En la primera fotografía se ve un reflejo especular producido por el flash posterior, ya que la cámara está en el ángulo de rebote de los rayos de luz. En la segunda fotografía hemos aumentado la altura de la cámara y, como está fuera del ángulo de rebote de los rayos, el reflejo directo desaparece. En todos los ejemplos se ha usado el mismo set de iluminación con una ventana grande situada en el lateral izquierdo del set y una luz desnuda justo a 180°.

Entender y controlar cómo rebota la luz sobre los diferentes materiales y formas es uno de los aspectos más importantes que debemos controlar como fotógrafos de producto (y como fotógrafos en general) y nos permitirá usar los reflejos de forma creativa para conseguir una infinidad de efectos.

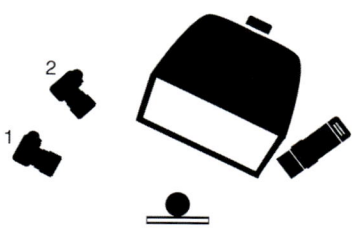

LOS BRILLOS

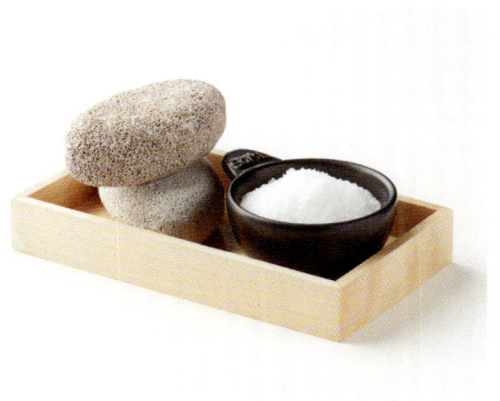
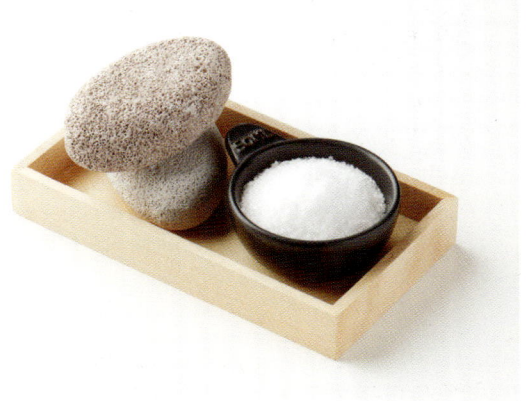

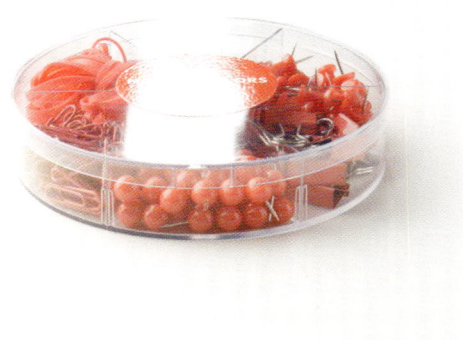
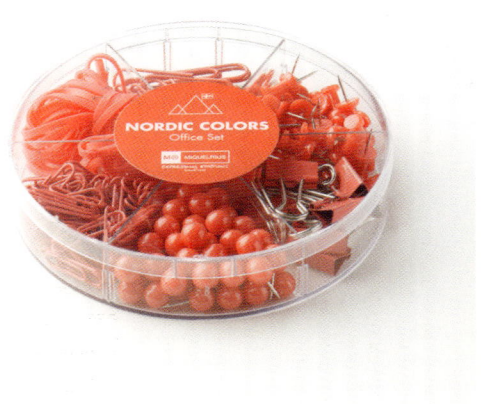

BOTELLAS

Un encargo habitual como fotógrafo de producto es fotografiar botellas de vino, cerveza, etc. Este objeto presenta algunos problemas y puede ser complicado conseguir un buen resultado, ya que las botellas producen reflejos especulares en toda su superficie que, además, es cilíndrica, por lo que refleja todo lo que tiene cerca. Este tipo de fotografía nos puede servir como entrenamiento para dominar los brillos y reflejos en materiales brillantes.

Lo primero que debemos pensar es que, generalmente, con esta fotografía queremos describir el producto de la mejor manera posible y la forma de la botella tiene que ser fácilmente identificable. Podemos conseguirlo con una buena iluminación.

Cuatro ejemplos de botellas iluminadas con diferentes modificadores.

Aquí podéis ver una comparativa de diferentes iluminaciones en una botella. En el primer caso, hemos usado una luz sin modificador que produce un reflejo especular pequeño. El brillo conseguido no nos aporta información alguna sobre la forma de la botella y nos puede llegar a distraer. En el segundo caso, hemos usado una fuente de luz difusada a través de una ventana octogonal de 150 cm. Esto produce un reflejo mayor que el anterior, aunque no nos aporta más información sobre la botella. Además, añadimos un brillo con forma octogonal que no nos ayuda a explicar cómo es la botella.

Los dos últimos casos son diferentes. El primero es una iluminación muy típica en botellas. La fuente de luz ha sido difusada a través de una ventana alargada tipo *stripbox* (ventana estrecha y larga) que produce un brillo que resigue la botella de arriba abajo. Además, en la parte del inicio del cuello, el brillo sigue la curvatura y nos da un poco más de información sobre el volumen de la botella. Dependerá de la medida de la ventana, así como de la posición de la misma, que consigamos un brillo más ancho o más estrecho. El último ejemplo es similar al anterior, pero hemos añadido un difusor de papel delante de la ventana para conseguir un efecto degradado. El resultado nos sigue explicando la forma de la botella, pero sin una forma tan definida. El degradado se puede ajustar si movemos el ángulo del papel y de la ventana.

LOS BRILLOS

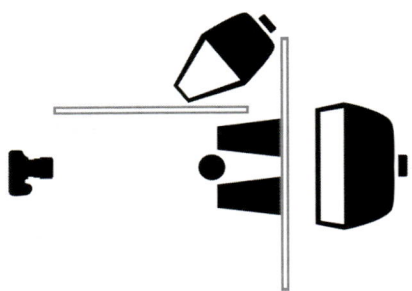

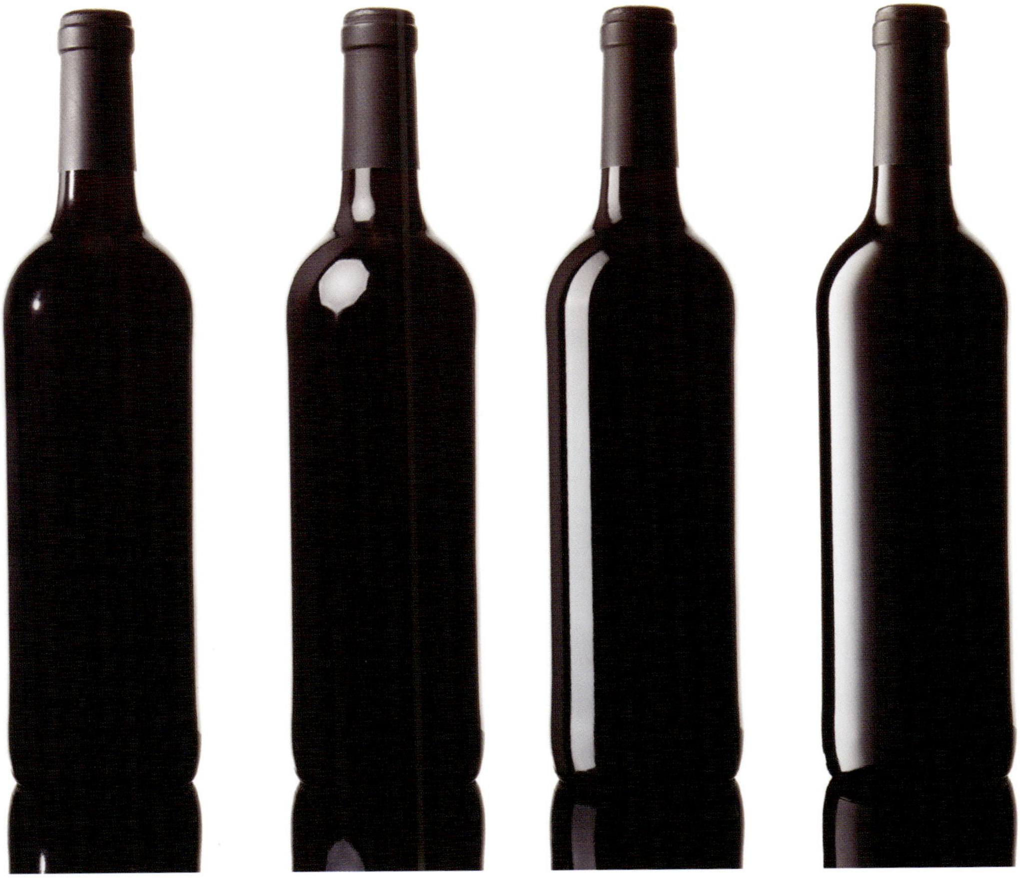

Canon 5dsr ISO100 f9 50 mm.

EJEMPLO

Veamos un ejemplo de iluminación de una botella usando varias luces. Utilizaremos una botella de cerveza e intentaremos iluminar la etiqueta y la botella a la vez sin hacer nada en posproducción. En ocasiones no podremos hacerlo, ya sea por limitación de equipo o la naturaleza de la etiqueta, porque es brillante o por sus relieves, etc.

La botella de cerveza está encima de un metacrilato negro (igual que hemos visto en el capítulo con el pintalabios). El fondo será un difusor de papel de 2 m de largo por 1,20 m de ancho. La luz del fondo nos dará el reflejo encima del metacrilato y también el brillo dorado en el interior de la cerveza. Para conseguir una iluminación de fondo muy homogénea, usaremos un flash difusado a través de una ventana de 60 × 90 cm. Además, para evitar que entre luz por los laterales de la botella, añadimos dos trozos de cartón pluma negros en los laterales para conseguir un mejor perfilado, que eliminaremos en posproducción.

Cerveza iluminada con el flash de fondo. Conseguimos un buen contorno gracias al cartón pluma situado a los laterales de la botella.

La segunda luz nos permitirá dar volumen a la botella y empezar a iluminar la etiqueta. El perfilado será degradado y no será muy potente, ya que tendrá que balancearse con el interior dorado. Una *stripbox* en el lado izquierdo a 45°, a través de un papel difusor, creará el reflejo degradado en toda la botella.

Para iluminar la etiqueta entera, vamos a usar un flash frontal situado justo encima de la cámara, a baja intensidad. El problema es que, al intentar iluminar la etiqueta, crearemos brillos no deseados en el cristal. La solución pasa por usar la técnica de la polarización cruzada. El reflejo de la etiqueta es difuso y no lo podemos bloquear con un polarizador, mientras que la luz del cristal rebota polarizada y nos permitirá controlarla en cámara.

El flash desnudo frontal, junto con la doble polarización, nos permite iluminar la botella y la chapa sin influir en el resto de la botella.

El proceso para bloquear el brillo es sencillo: una vez ubicado el flash, añadimos el filtro polarizador delante y encendemos la luz de modelado (¡cuidado, el calor degrada la lámina polarizadora!). Giramos el polarizador de cámara mientras miramos por el visor hasta que desaparezca el destello del cristal.

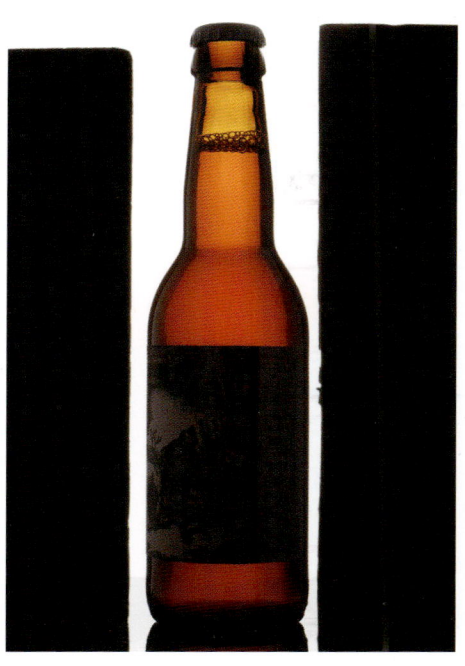

Flash del fondo

Flash lateral

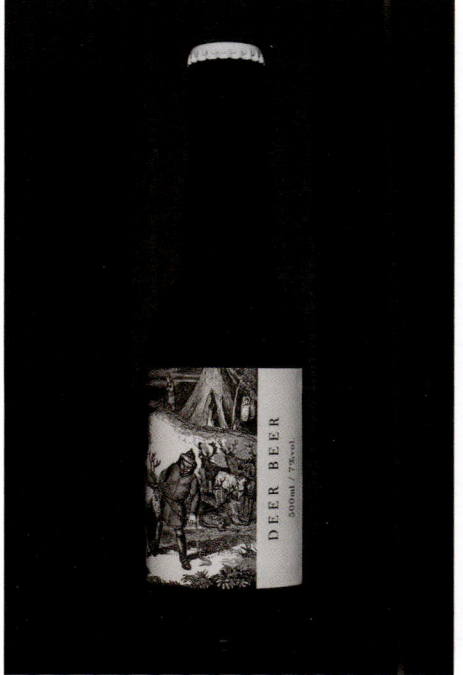

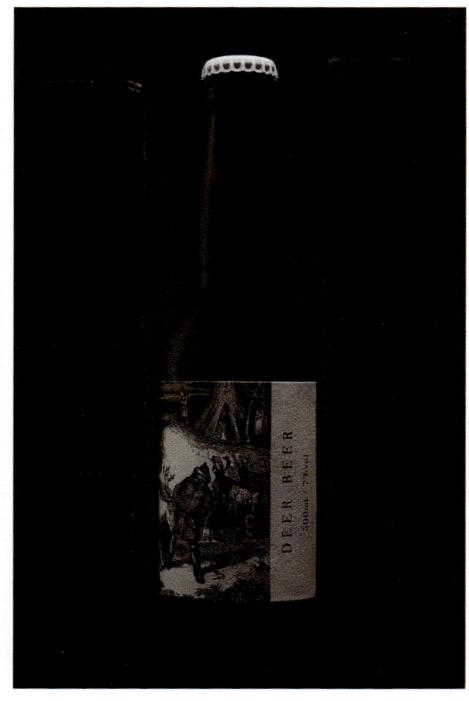

Flash frontal

Flash cenital

La última luz que usaremos será un flash situado sobre la botella. La idea es que ilumine la parte superior del tapón de la cerveza y, a la vez, la etiqueta, realzando la textura del papel. El flash estará difusado a través de una ventana de 30 × 40 cm, lo justo para romper la dureza del destello y, delante, una lámina polarizadora. La lámina nos permite evitar un reflejo de la ventana en la curva del cuello de la botella.

El flash cenital a través de una pequeña ventana, junto a una lámina polarizadora, aporta textura a la etiqueta e ilumina el tapón de la cerveza sin crear reflejos sobre el cristal.

Con estas cuatro luces conseguimos una botella perfectamente iluminada en una sola foto. Las variaciones sobre este esquema pueden ser infinitas, como usar la *stripbox* sin el difusor para conseguir un perfilado definido o no perfilar la botella (en este caso podría funcionar con el interior iluminado). También podemos obviar el flash cenital o añadir algún otro flash para iluminar la etiqueta de forma puntual.

De fondo blanco a fondo negro

Vamos a ver un sencillo truco que nos permita convertir la fotografía anterior sobre fondo blanco en una fotografía sobre fondo negro.

Para conseguir un fondo negro, solo debemos evitar que llegue luz al fondo. De hecho, si tuviésemos suficiente espacio, un fondo blanco podría convertirse en negro si logramos separarlo de las luces y/o bloquear que llegue luz al fondo. Aun así, es más sencillo usar un material negro para que absorba más cantidad de luz.

Al usar un fondo negro, suele plantearse el problema de que la botella se empasta con el fondo y no queda perfilada. La solución pasa por añadir luces de contra en los laterales posteriores para crear un perfil de luz alrededor. Podemos añadir dos puntos de luz diferentes u optar por un truco más sencillo.

Vamos a usar un elemento negro para crear el fondo (en mi caso, cartón pluma negro) que cubra todo el encuadre de la cámara (en mi caso un cartón de 40 × 50 cm). Ahora, añadiremos una luz trasera que sea mayor que el fondo y sobresalga por los lados del cartón pluma. Con esto conseguiremos dos luces laterales separadas por el cartón pluma.

Vemos el perfilado de la botella que ayuda a separarla del fondo.

Todo el set que usaremos para conseguir un fondo negro es exactamente el mismo que para el fondo blanco, pero añadiendo el cartón negro.

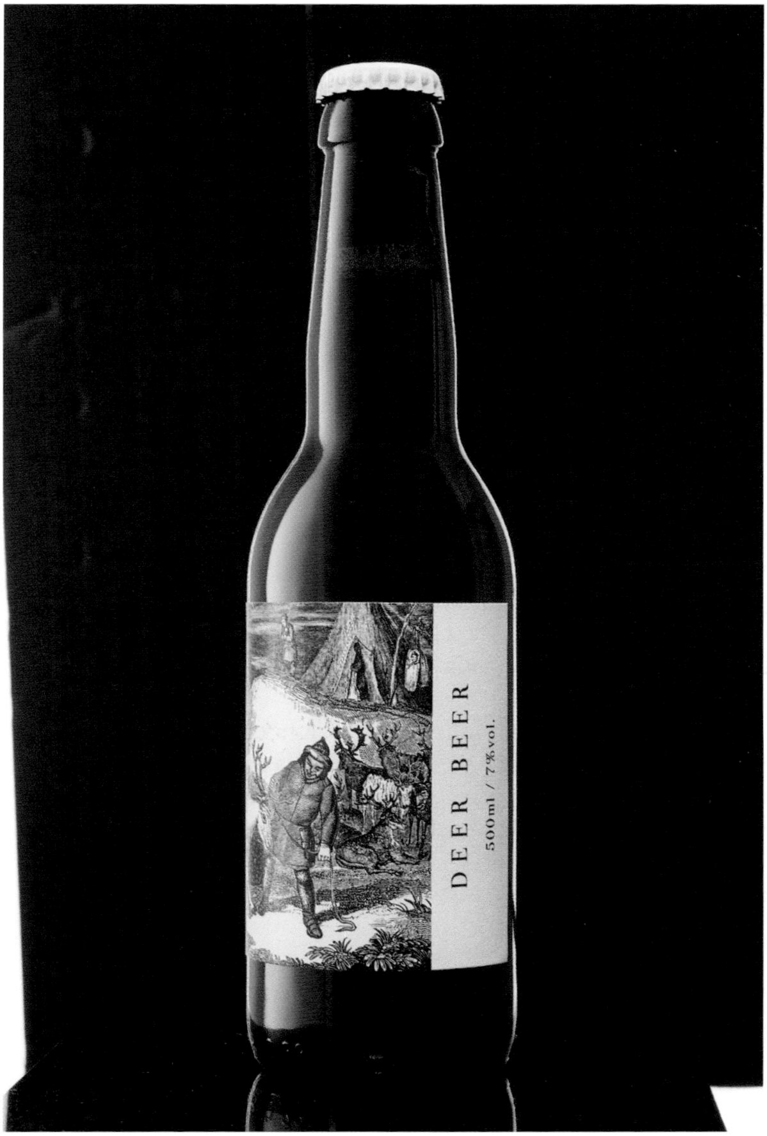

LOS BRILLOS

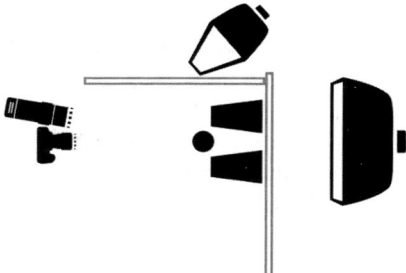

El problema de este fondo negro es que hemos perdido el interior dorado de la cerveza y ahora se ve muy oscuro. Para conseguirlo, podemos usar una cartulina metalizada detrás de la botella para reflejar luz de alguna de nuestras ventanas. En nuestro caso, y al tratarse de una cerveza, usaremos cartulina dorada que nos aportará un tono más cálido, pero también podemos usar cartulina plateada. Tradicionalmente, el proceso para conseguir este efecto era recortando la cartulina con forma de botella y "esconderla" detrás, aunque, en mi caso, he preferido usar un trozo de cartulina sujetado con la mano y juntar la fotografía de base con el interior en posproducción.

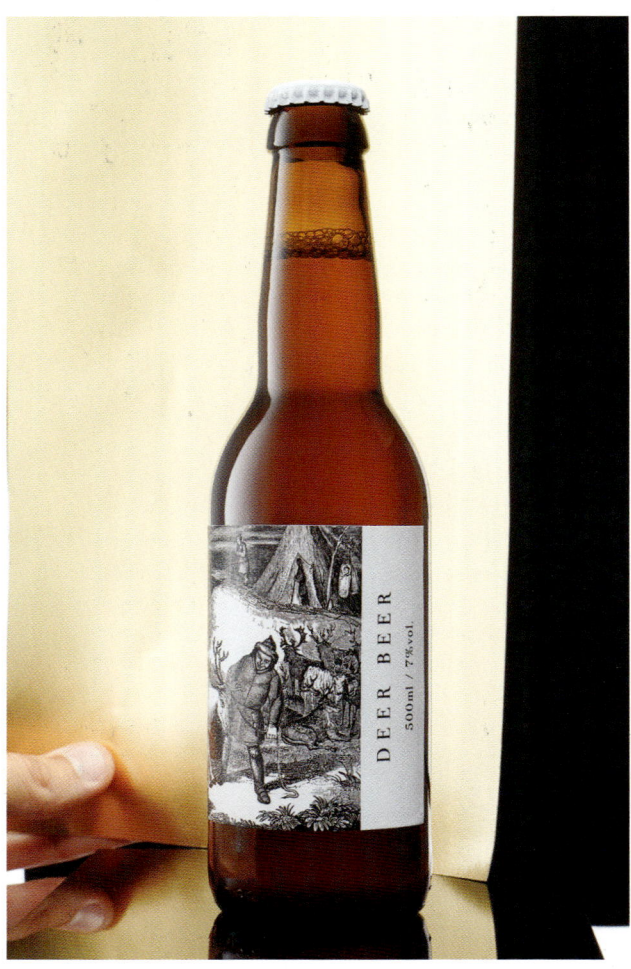

Cartulina dorada

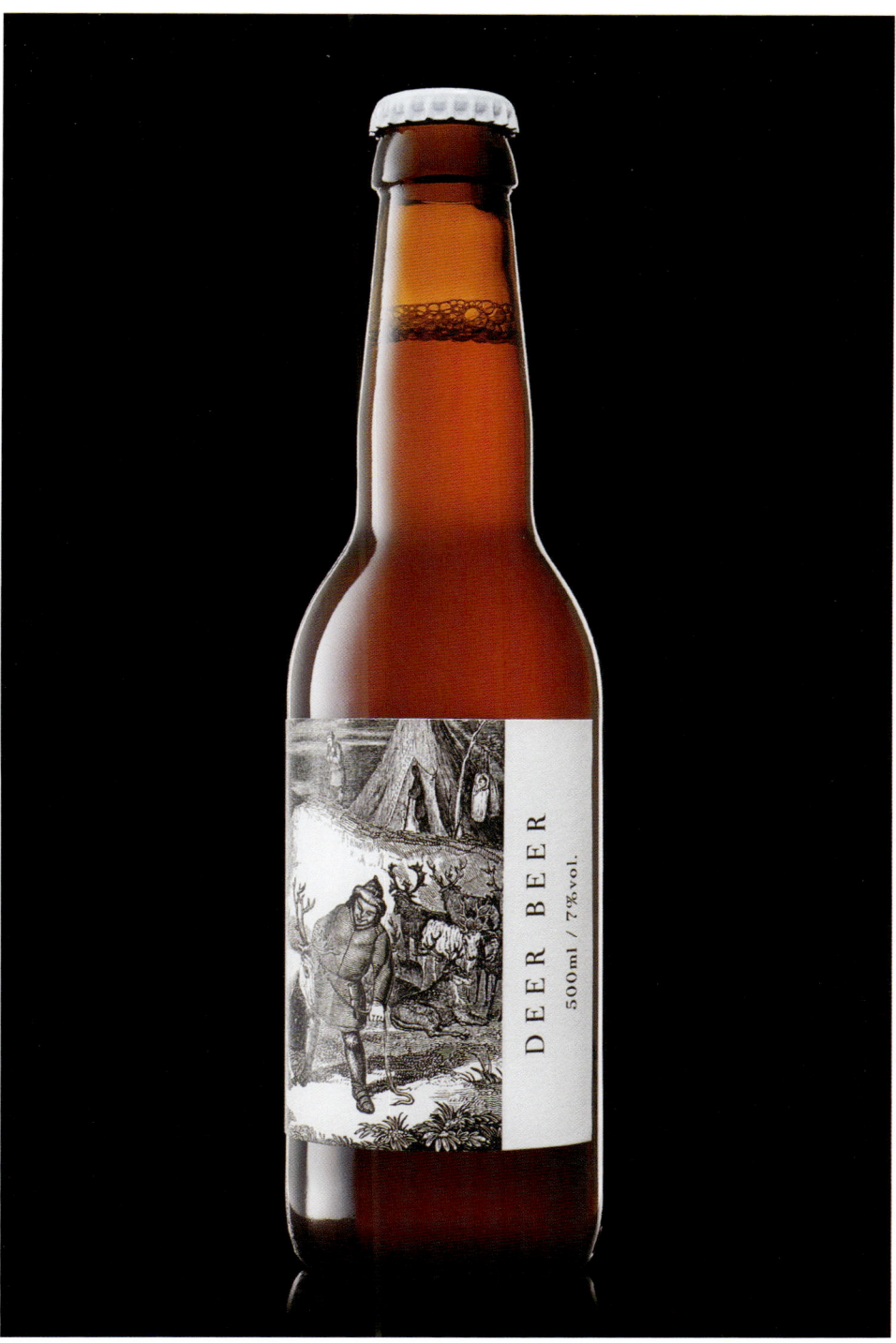

Nikon D850 ISO100 1/125 f/11 50 mm.

GAFAS DE SOL

Veamos otro ejemplo de cómo usar los reflejos directos para ganar volumen y ayudar a describir un producto. Cuando realizas fotografía para catálogo, es habitual que te pidan fotografiar gafas sobre un fondo blanco. El problema de estos encargos reside en los reflejos que producen los cristales, que suelen ser difíciles de controlar. Eso se debe a que, además de ser reflejos especulares, los cristales suelen ser curvos y la superficie que hay que controlar es grande.

Gafas con un brillo en la parte superior del cristal.

El set que vamos a usar tendrá dos luces, una primera para iluminar la escena, y la segunda para generar un brillo en el cristal que le dé volumen. La fuente de luz principal es una ventana grande situada en la parte posterior de las gafas. Con esto conseguimos iluminar la escena sin crear brillos en la superficie del cristal, ya que estaremos fuera del rango de ángulos de rebote.

Fotografía sin difusor. El cristal nos ofrece un reflejo directo donde se puede ver la forma del flash usado.

Con la segunda luz queremos añadir volumen al cristal. Por eso vamos a crear un reflejo directo sobre él. Para conseguir un destello "bonito", tendremos que crear una fuente de luz suficientemente grande para cubrir todos los ángulos de reflejo del cristal. Usaremos un flash y, delante de él, colocaremos un panel de papel difusor de 1 × 1 m situado a baja altura, encima de las gafas. El flash, puesto cenitalmente para que cree un punto de luz que se degrada a medida que se esparce por el papel, nos dará un efecto de brillo degradado. La ubicación exacta del difusor dependerá de las gafas usadas, y tendremos que ajustarlo en altura y posición para cada fotografía.

Gafas correctamente iluminadas, con la ventana posterior y sin reflejos en los cristales.

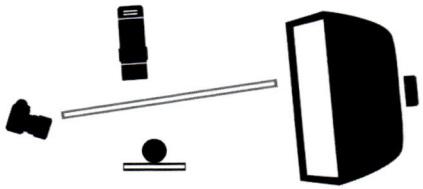

LOS BRILLOS

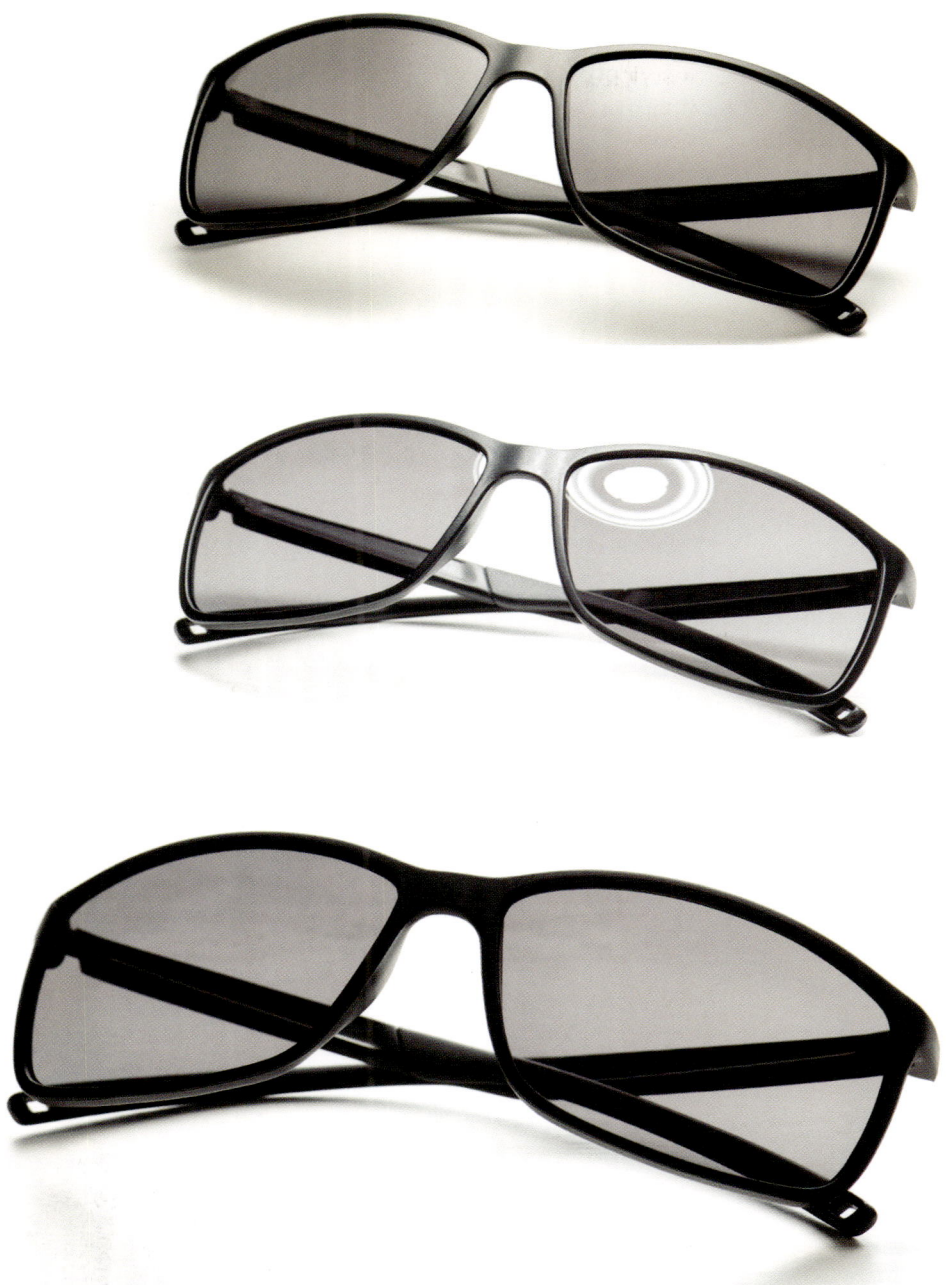

Canon 5dsR 100 mm f10 ISO100

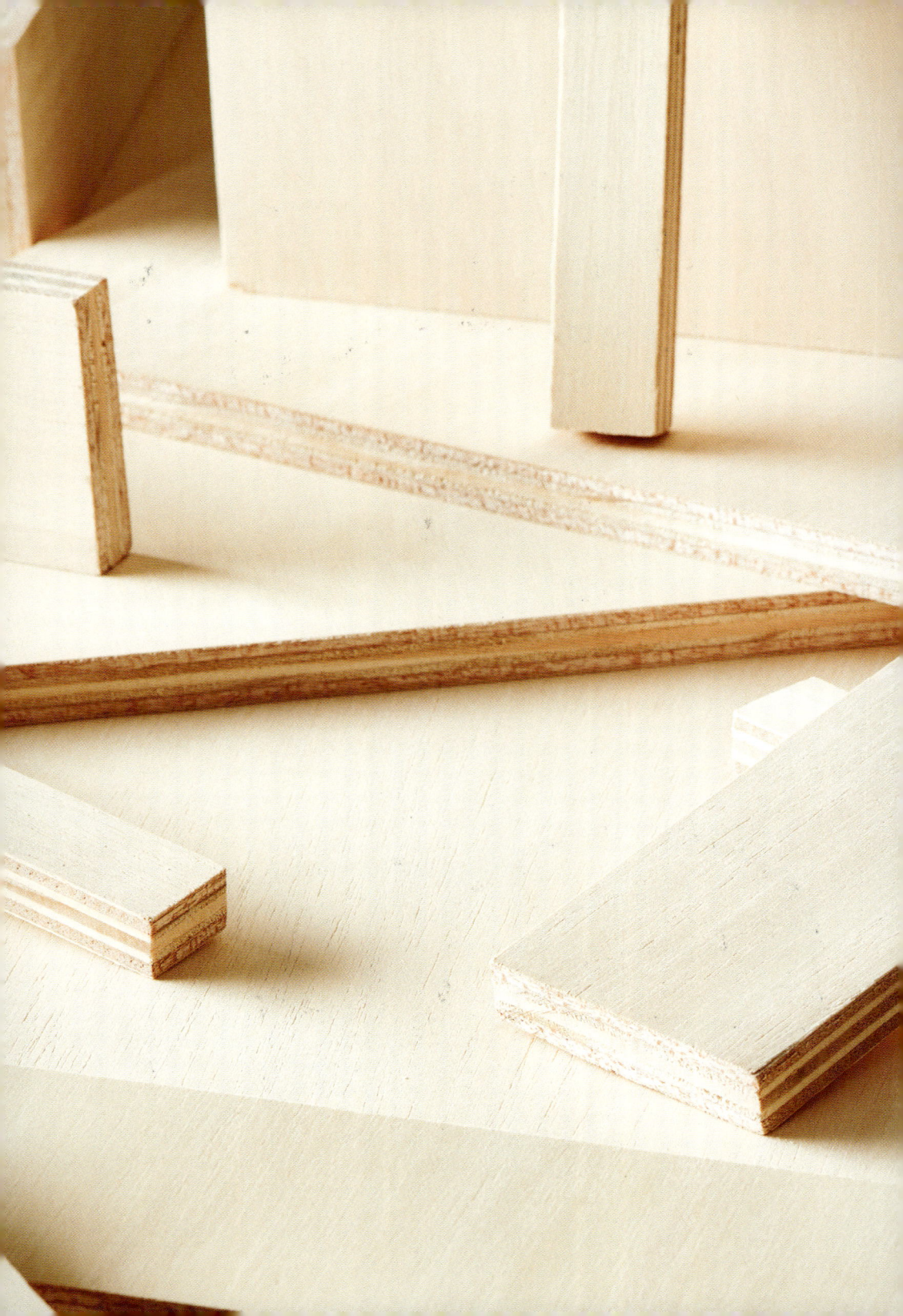

FOCUS STACKING

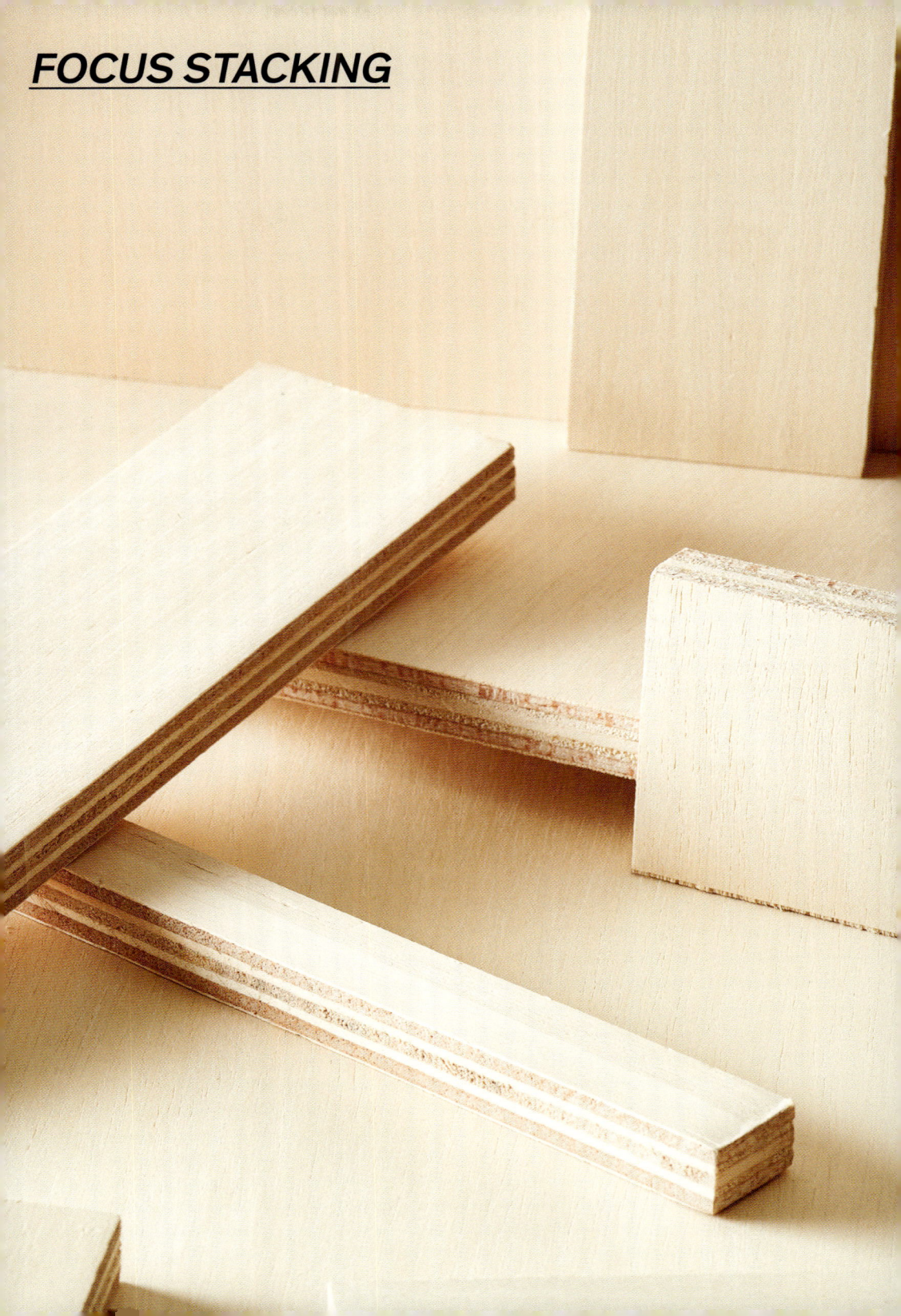

El *focus stacking* es una técnica en la que se apilan fotografías con diferentes puntos de enfoque para aumentar la profundidad de campo de una imagen. A veces no podemos cerrar más el diafragma, ya sea porque estamos en el valor más alto posible, por falta de luz o porque, al cerrar demasiado, perdemos nitidez. Entonces nos puede venir bien el *focus stacking*. Básicamente, fotografiamos el elemento enfocando a diferentes distancias y, en posproducción, juntamos las diferentes tomas conservando solo la parte en foco de cada fotografía.

Es muy común encontrar fotografías con *focus stacking* en joyería, insectos o fotografía científica, donde el uso de objetivos macro y distancias de enfoque cortas nos ofrece una profundidad de campo muy pequeña.

Podemos separar dos sistemas para realizar el *focus stacking*: usando el anillo de enfoque o un carril de macro.

El carril de macro montado sobre un trípode. La rueda lateral permite mover la posición de la cámara a lo largo del carril.

En ambos casos, es imprescindible trabajar con un trípode para evitar que se nos mueva el encuadre. Además, es interesante dejar cierto espacio en los bordes de la imagen, ya que, al realizar el apilado, seguramente perdamos algunos bordes.

El *focus stacking* variando el enfoque es el más sencillo. No necesitamos material especial y es un buen sistema para objetos pequeños, paisajes o interiores.

El *focus stacking* con un raíl mueve la cámara adelante y atrás, modificando también el punto de enfoque. Es un sistema que no cambia la magnificación del objetivo, ya que no varía el foco, aunque el rango de enfoque está limitado a la longitud del raíl (normalmente 10 o 20 cm). Es un sistema práctico para objetos pequeños y sencillo de usar, ya que incluye tornillos sin fin que permiten mover la posición de la cámara de forma precisa. Estos carriles suelen incluir una regla para precisar los movimientos. En el capítulo de posproducción veremos el proceso de montaje de un apilado.

En la primera fotografía, observamos que el enfoque se encuentra en las primeras chinchetas, y el fondo está completamente fuera de foco. La segunda imagen nos muestra el resultado de apilar 15 fotografías que consiguen obtener una fotografía completamente enfocada.

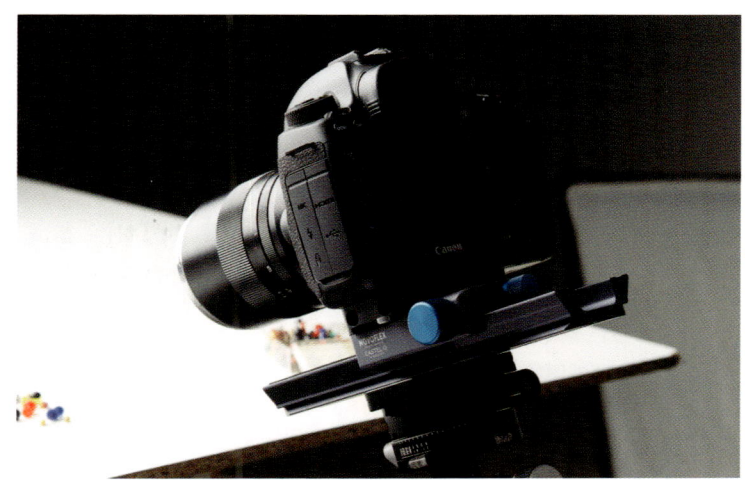

Canon 5DSR ISO100 1/100 f/9 100 mm.

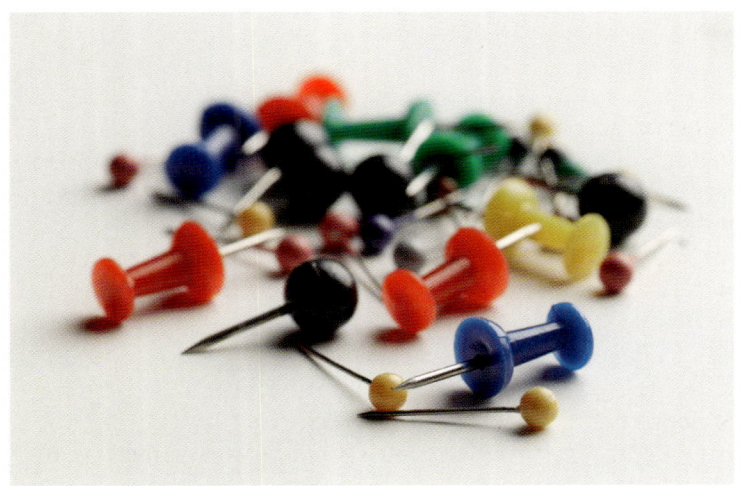

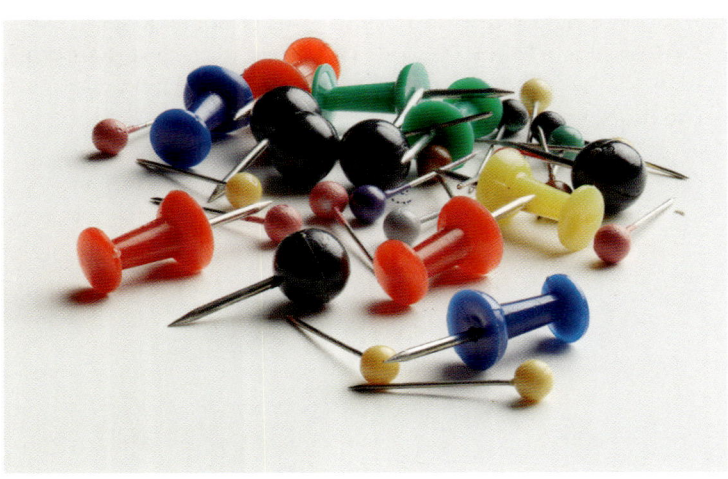

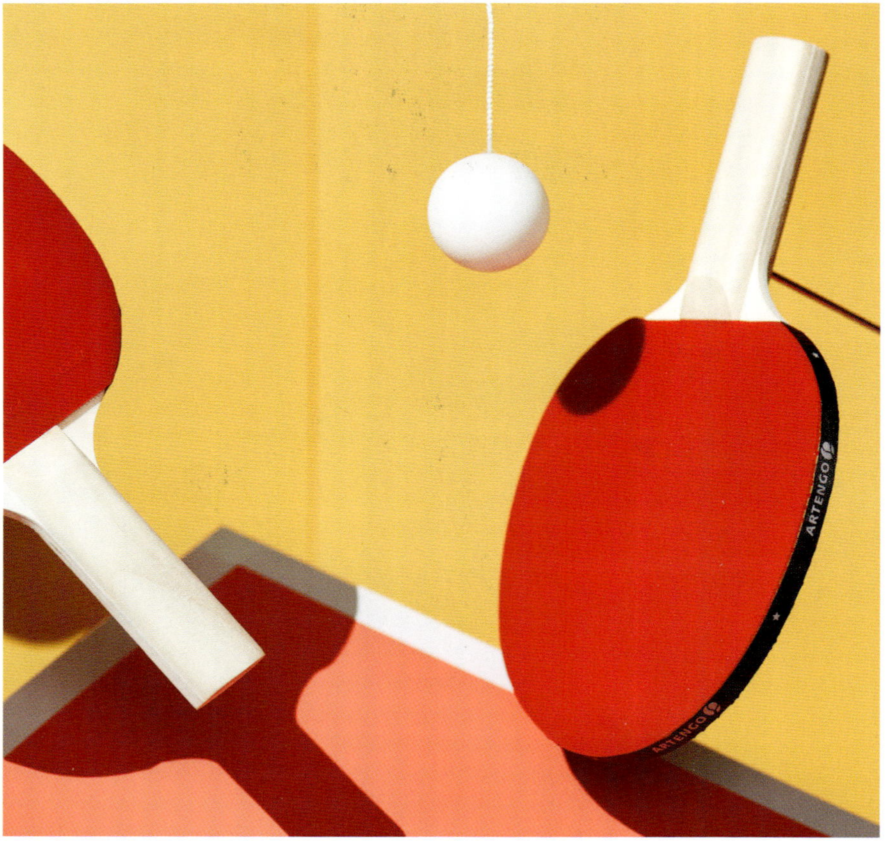

Comparativa de antes y después del *focus stacking*.

FOCUS STACKING

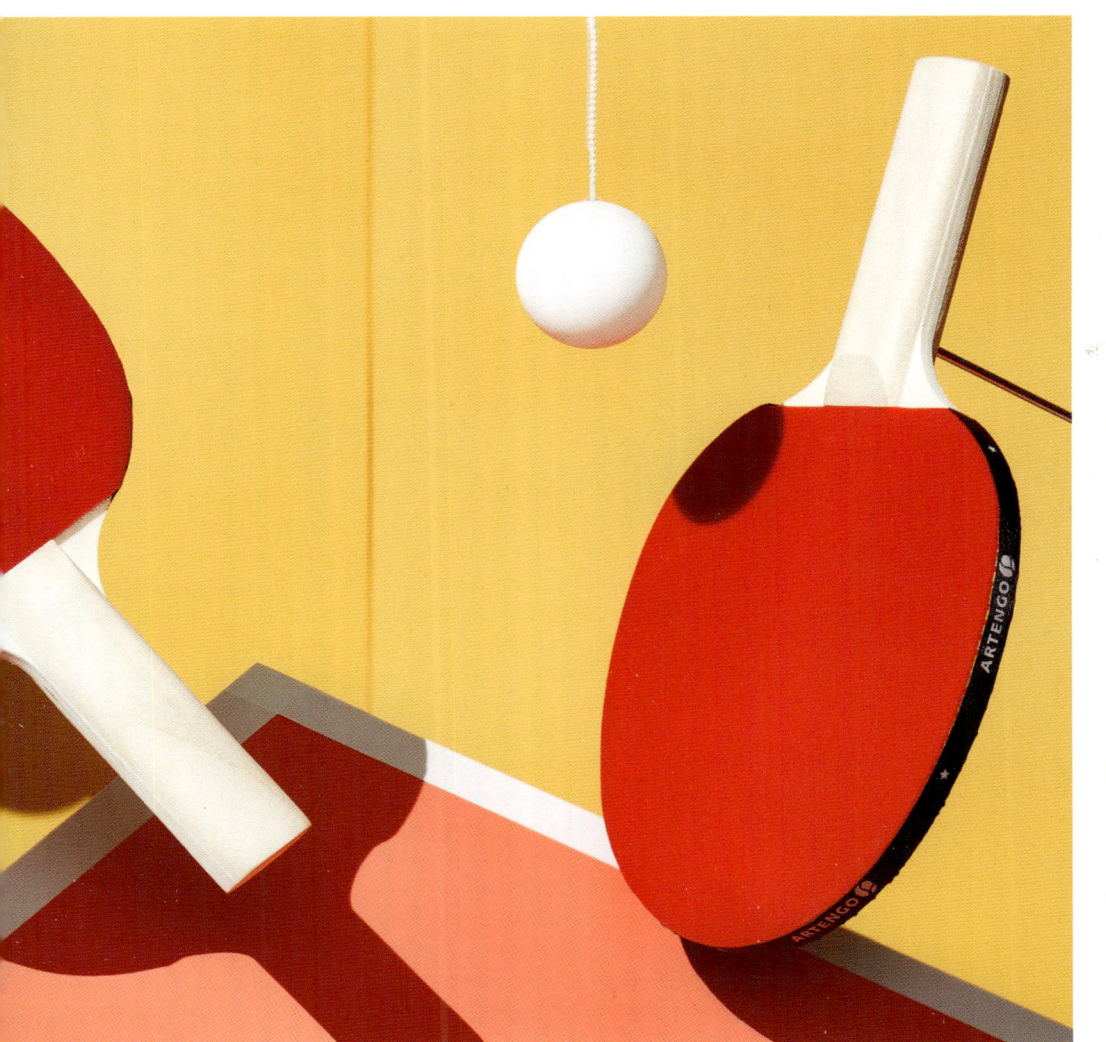

Canon 5dsR ISO 100 1/100 f/4 100 mm.

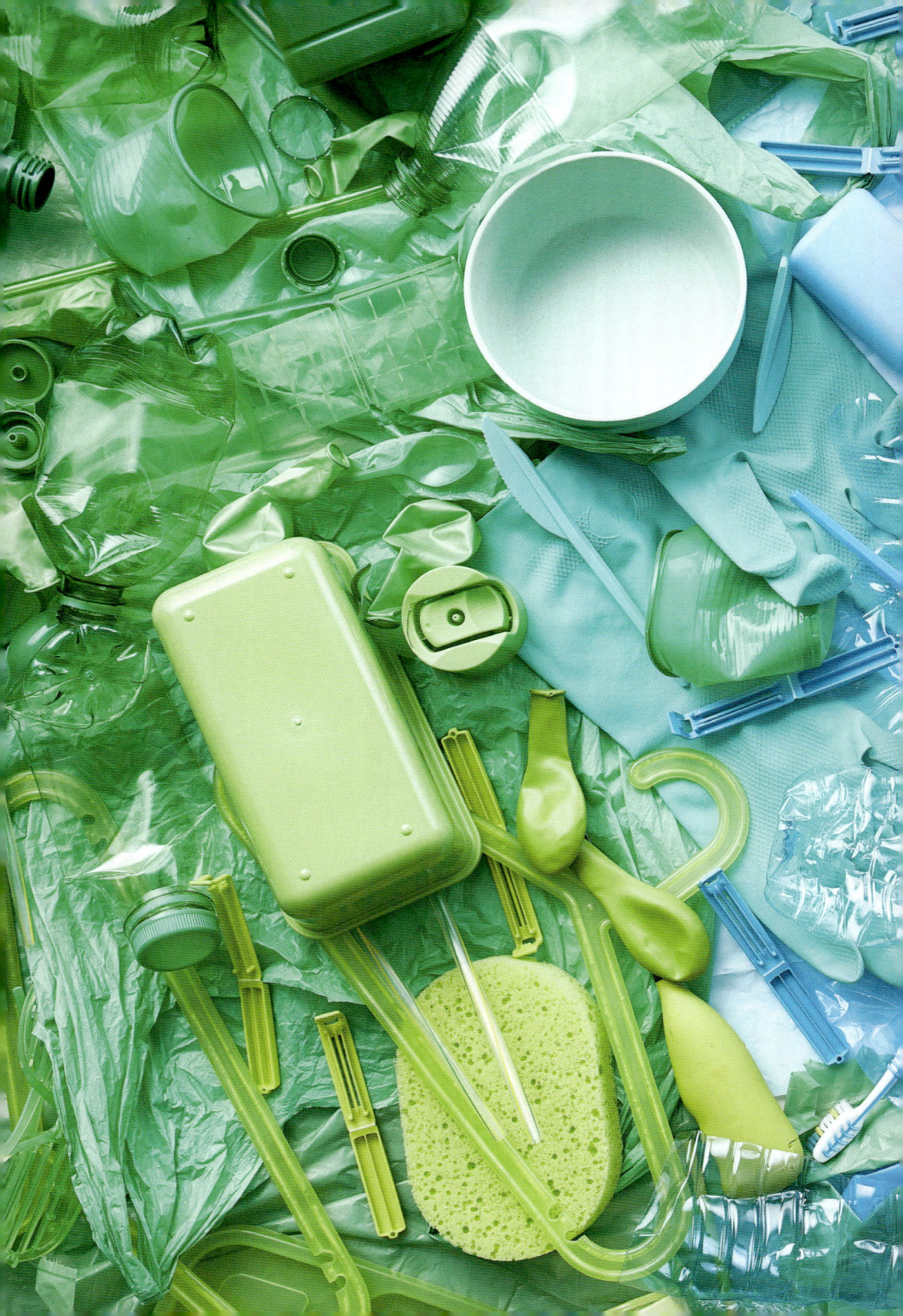

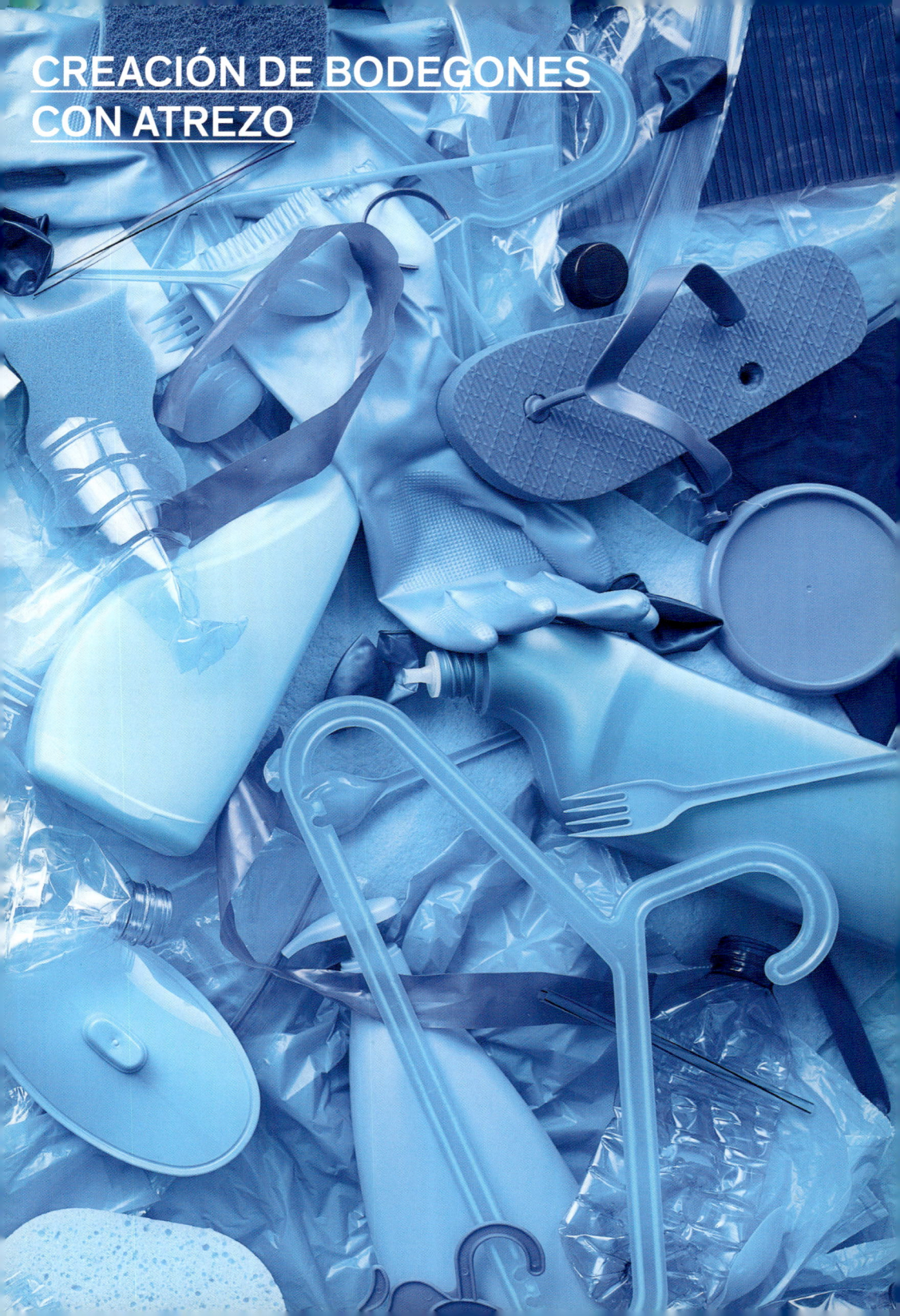

CREACIÓN DE BODEGONES CON ATREZO

MOCHILA

En este ejemplo, vamos a crear una fotografía de una mochila que irá destinada a complementar una ficha de producto en la web de una empresa. La idea es tomar la fotografía acompañada de algunos elementos en un entorno real sin olvidar que la mochila tiene que ser la absoluta protagonista de la escena. La mochila tiene un color rojo intenso que vamos a combinar con un banco tapizado verde. Para dar un poco de "vida", añadiremos algunos elementos que podrían estar dentro de la mochila, como una fiambrera o unas libretas y carpetas.

La luz de esta fotografía tiene que ser muy suave, como si la luz viniera de una ventana con luz de sol indirecta. Para ello vamos a usar un flash a través de un difusor de papel que situaremos lo más cerca posible de la mochila para conseguir que la superficie de la fuente de luz sea lo mayor posible.

Como se puede ver, la mochila parece demasiado caída y cuesta identificar la forma y medidas de la misma.

Una de las cosas más complicadas al trabajar con ropa, bolsas y similares es lograr que el producto se vea bien y natural a la vez.

Al rellenar la mochila con una tela o papeles arrugados, conseguimos más volumen y nos permite ajustar su posición, así como reubicar las cintas de cuero, etc.

Vamos ahora a intentar levantar la exposición de las sombras que aparecen a la derecha de la imagen. Tal y como están, no creo que sean un problema grave, aunque subir un poco la exposición puede facilitar la lectura de la imagen. Usaremos un reflector blanco de 30 × 40 cm, situado a cierta distancia de la mochila.

Configuración final y esquema usado con el flash situado tras un difusor de papel que está muy cerca del banco y la cámara, para conseguir una luz lo más suave posible. Al otro lado, un reflector blanco.

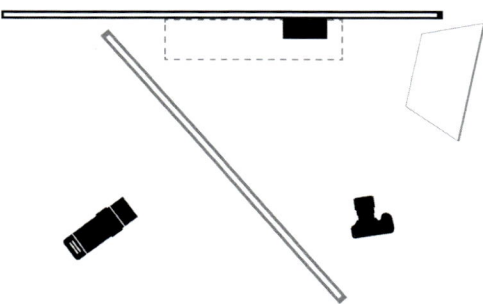

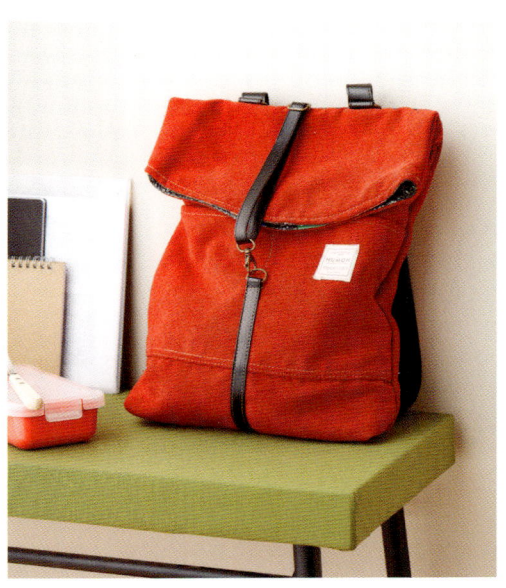

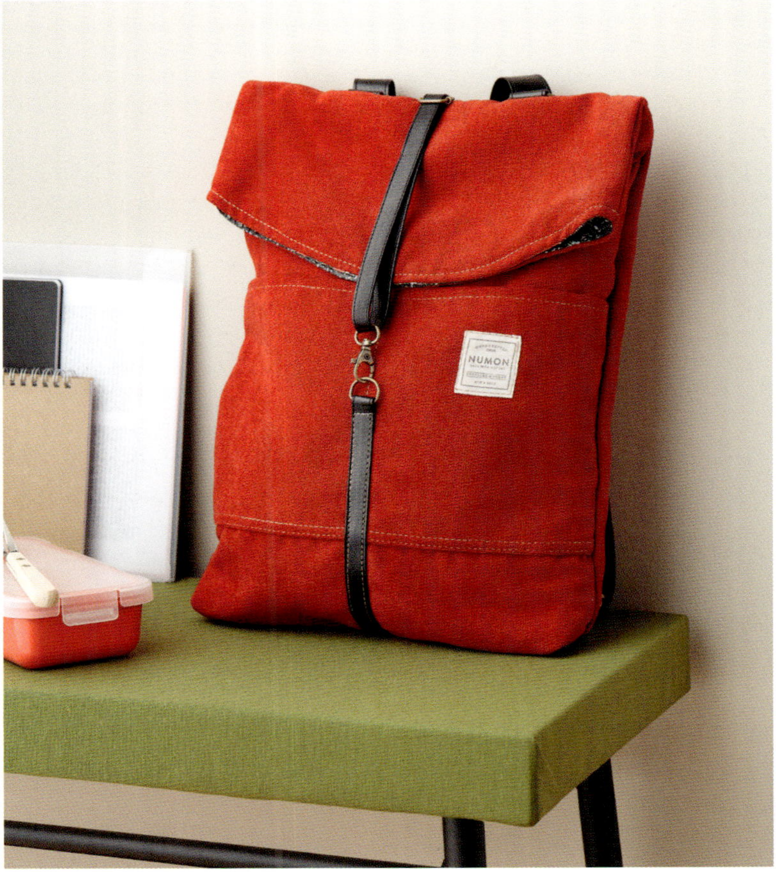

Canon 5dsR ISO 100 1/100 f/8 100 mm.

BEAUTY

En este caso vamos a realizar una fotografía de una máscara facial. La idea es combinar el color gris oscuro de la máscara con elementos blancos y negros para crear un juego "acromático". Los elementos blancos nos ayudan a dar una sensación de limpieza y pureza, mientras que los toques de gris aportan contraste.

La superficie donde están todos los elementos es una baldosa grande de mármol brillante. El mármol nos da un poco de textura y el hecho de que sea brillante creará algunos reflejos de los elementos sobre la superficie.

El resto de los elementos de la escena son dos botes oscuros sobre una bandeja blanca que añade textura y volumen, una toalla gris oscuro con rayas que genera mucha textura y rompe la predominancia de círculos en la escena y, por último, un plato con una piedra pómez también de color claro.

La escena iluminada con la ventana crea texturas en la máscara y produce una sombra degradada pero intensa.

La iluminación de esta fotografía va a venir de un solo punto de luz a través de una ventana de 90 × 60 cm. Con este ejemplo podremos ver que con una ventana de un tamaño medio podemos conseguir sombras suaves y degradadas. Para ello, vamos a ubicar la ventana lo más cercana posible de la escena para que la medida de la luz respecto al objeto sea lo mayor posible.

Mi objetivo era conseguir una sombra que no fuera tan intensa. Para aumentar la exposición de la sombra, podemos añadir un reflector al lado derecho de la escena. En mi caso he usado una lámina de Porexpan grande situada a un metro de la escena, aproximadamente. También he añadido un pequeño cartón pluma negro para bloquear ligeramente la luz que llega a la piedra pómez de la esquina izquierda. Esta es una forma sencilla de ajustar la exposición en los bordes y esquinas de la escena y nos da bastante juego acercando y alejando el cartón pluma de la escena.

El uso del reflector permite aumentar la exposición de la sombra del bol sin que la máscara pierda volumen. En el esquema de luces se aprecia la posición de la ventana cerca de la escena, así como la ubicación del cartón pluma negro bloqueando luz a la esquina inferior izquierda, y el reflector blanco situado a la derecha.

CREACIÓN DE BODEGONES CON ATREZO

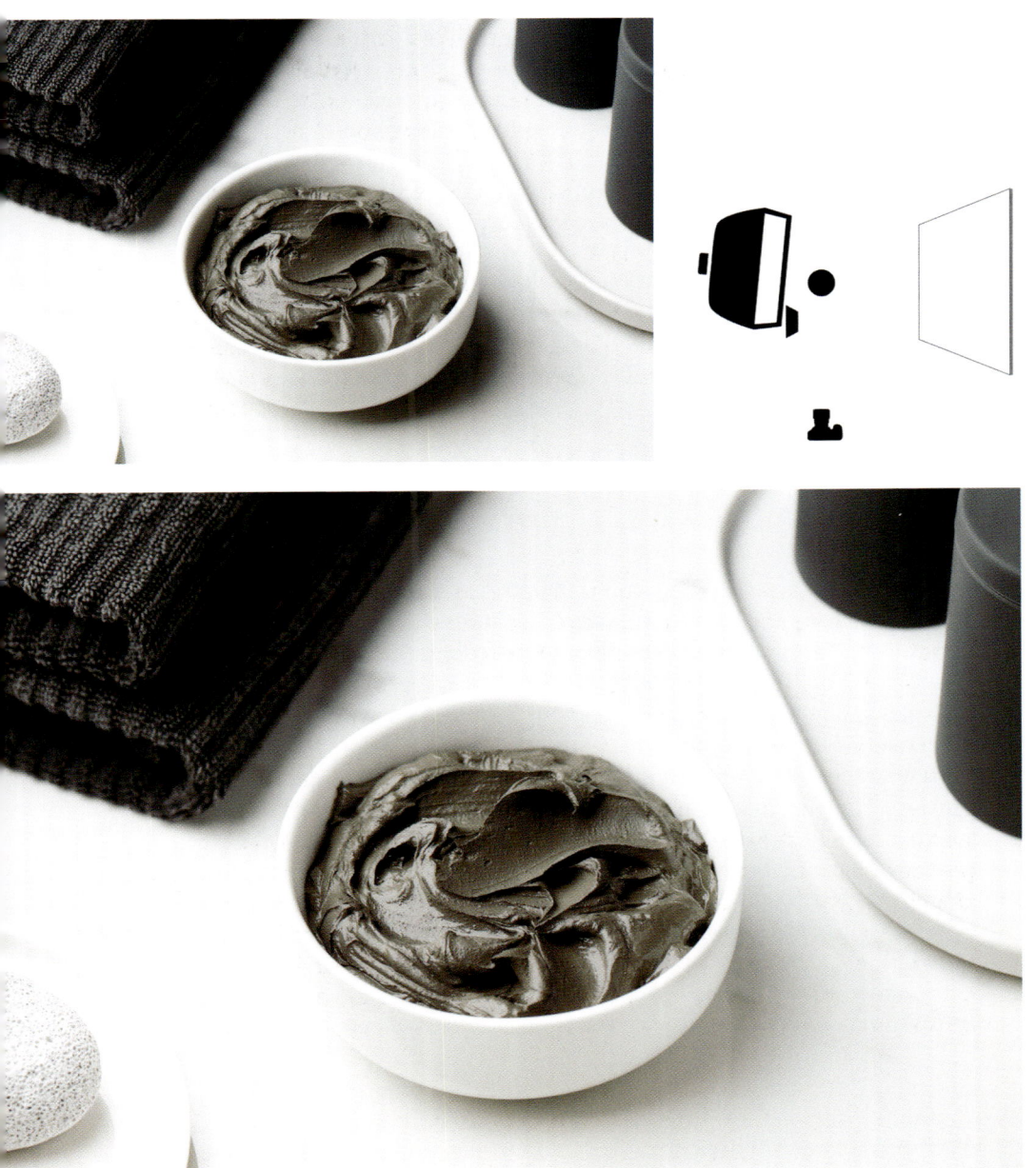

Canon 5dsR ISO100 1/100 f.7.1 100 mm.

LUZ DURA

En esta ocasión veremos cómo hemos conseguido esta imagen de un cepillo de madera. El *look* que busco en la fotografía es el de una mesa de taller de carpintero donde el cepillo sea el protagonista y, alrededor, algunos elementos típicos de carpintero y trozos de madera.

Para esta composición me propuse realizar la foto usando solo luces de flash directas, sin difusores. Esto, *a priori*, puede suponer un problema, ya que va a crear sombras muy marcadas, pero también dará carácter a la fotografía final.

La luz principal de la escena es un flash sin modificador situado a unos 3 m de la mesa y a unos 3 m de altura. Al hacerlo, conseguimos que el punto de luz sea más pequeño respecto a la escena y, por lo tanto, logramos una luz contrastada y una sombra marcada, aunque necesitaremos más potencia de flash para lograr una correcta exposición.

> La escena está correctamente expuesta, pero la parte frontal del cepillo está demasiado oscura.

Al tener la luz principal en contra, obtenemos brillos y texturas interesantes, pero dejamos en penumbra la parte lateral del cepillo que vemos en cámara. Para levantar la exposición de la zona, podemos recurrir a un reflector blanco situado a la derecha de la cámara o, en mi caso, he preferido utilizar un segundo punto de luz. La razón es que quiero controlar la dirección de la luz de relleno y focalizarla en la parte central del cepillo.

Para conseguirlo, he añadido un panal de abeja delante del flash. El panal de abeja evita que la luz se expanda cuando sale del flash y así puedo controlar la zona que se verá afectada por el haz de luz. Está a la derecha de la cámara, como podéis ver en el esquema.

> Al añadir el segundo punto de luz con un panal de abeja, conseguimos iluminar la parte del cepillo que nos interesa sin influir demasiado en el resto de la composición y esquema usado con la luz principal, la luz de relleno con el panal de abeja y el reflector plateado para la punta del cepillo.

Con estas dos luces conseguimos un buen balance, con unas sombras marcadas y un buen detalle del cepillo. Aun así, el frontal del cepillo y la herramienta de madera de la izquierda están un poco oscuras. Para levantar la exposición de esta zona, lo más sencillo es usar un reflector plateado y localizar el reflejo allí. He usado un reflector de 10 × 15 cm sujetado con un tercer brazo, como los que hemos visto antes.

CREACIÓN DE BODEGONES CON ATREZO

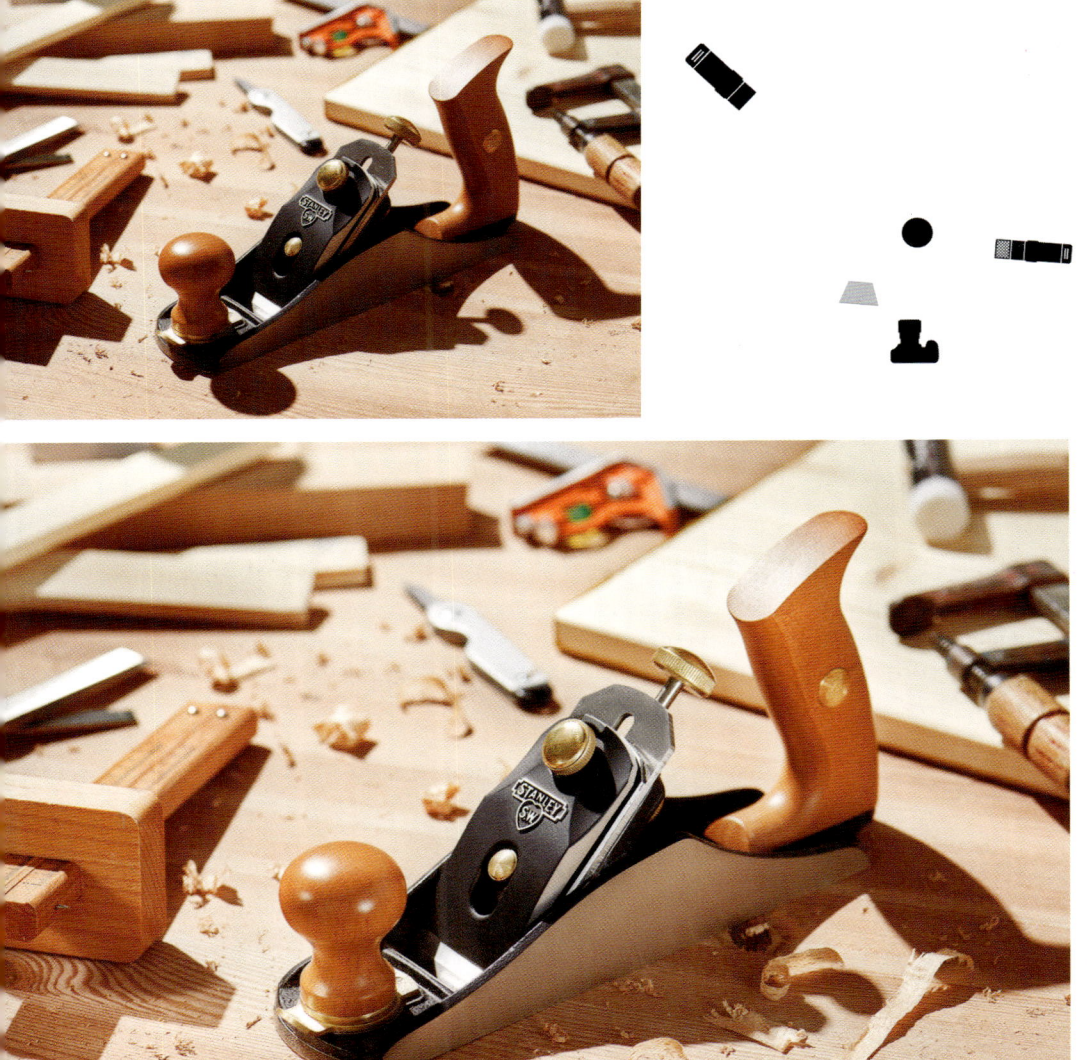

Canon 5dsR ISO100 1/100 f/5 100 mm.

LUZ CENITAL

A veces podemos crear composiciones jugando con el color y la luz, prescindiendo de cualquier otro elemento.

En este caso vamos a realizar una fotografía cenital sobre una base roja con frutos rojos. El rojo del fondo combina con la fruta y crea un bodegón de mucha intensidad en el que la clave es, sin duda, la armonía dentro de una composición con tantos elementos. Desordenar una serie de elementos para que se vean estéticamente bonitos es una tarea complicada. En mi caso, suelo empezar poniendo dos o tres elementos grandes repartidos en el encuadre y voy rellenando los huecos combinando otros elementos. En nuestro ejemplo tenemos los arándanos, que aportan un cambio cromático y rompen el tono rojizo de la escena. Las grosellas ofrecen mucho brillo y un rojo intenso.

Vamos a probar dos tipos de iluminación: por un lado, vamos a conseguir unas sombras degradadas pero con carácter y, por otro, unas sombras muy duras y definidas. En ambos casos nos vamos a limitar a usar un único punto de luz.

En el primer caso usaremos una ventana muy grande, de 120 cm de largo, completamente perpendicular respecto al suelo. Si no tenemos una ventana tan grande, podemos usar un difusor de papel o plegable cerca de la escena y, detrás, ubicar alguna luz (si es necesario, con otro difusor o ventana delante). Esta ventana creará un degradado muy suave en las sombras, pero tendrán cierta densidad. Podremos ajustar la dureza de la sombra separando la ventana de la escena o acercándola.

Al usar una ventana de gran tamaño muy cerca de la escena conseguimos que las sombras de los frutos rojos sean muy suaves y agradables.

En la segunda iluminación vamos a buscar todo lo contrario. Usaremos un flash sin modificador, lo más lejos y alto posible, para que la luz sea lo más pequeña posible respecto a la escena. Al usar el flash tan alejado de la escena, vamos a necesitar más potencia para obtener una correcta exposición. La dirección de la luz será la misma que con el otro ejemplo, desde arriba, en el encuadre. En mi caso, el flash está a unos 4 m de distancia de la escena y a unos 3 m de altura. Las sombras están muy definidas y son intensas. Podríamos usar un reflector blanco en el lado opuesto para levantar la exposición ligeramente, pero en este caso me gusta su intensidad.

La luz dura aporta más dramatismo a la escena, y los brillos que se generan en los frutos rojos también son muy interesantes.

CREACIÓN DE BODEGONES CON ATREZO

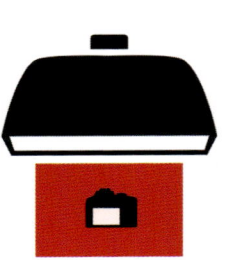
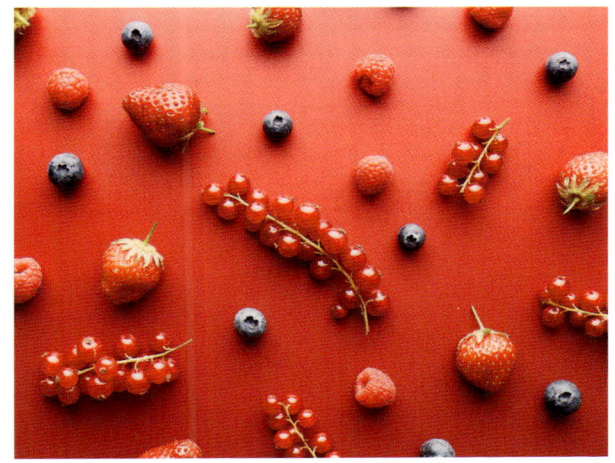

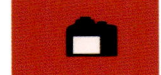
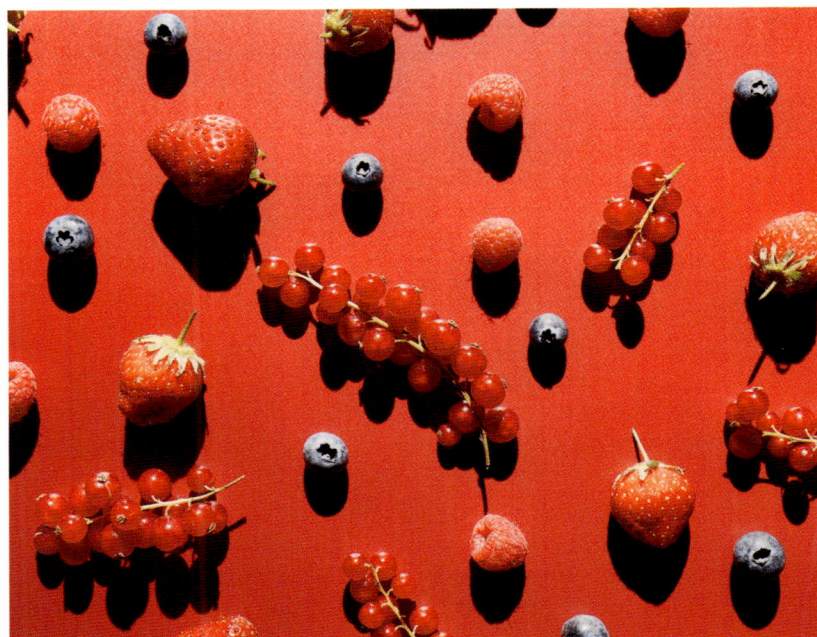

Canon 5dsR ISO100 1/100 f/6.3 50 mm.

TENIS DE MESA

Vamos a realizar una fotografía conceptual usando dos raquetas, una pelota y superficies de colores.

La idea es encontrar los diferentes elementos en el aire cerca de la esquina de una mesa de juego. Para el fondo, vamos a usar una cartulina de color amarillo que complementa muy bien el rojo de las raquetas y el rosa de la base, que es una madera con melamina a la que añadiremos un borde de cinta blanca, como si fuera una esquina de una mesa de pimpón.

La iluminación será lo más dura posible. Para ello, vamos a usar un flash totalmente alejado de la escena, situado a la izquierda de la cámara. Para suavizar la densidad de las sombras, usaremos una ventana octogonal detrás de la cámara, que hará de luz de relleno.

Primeras pruebas de composición con todos los elementos.

Lo más complicado de esta escena es aguantar todos los elementos. En el caso de las raquetas, haremos un agujero en los mangos e introduciremos una varilla metálica, que sujetaremos con un brazo o con un pie. En el caso de la pelota, usaremos un cordón y la colgaremos del otro pie. Por último, la base estará inclinada y la sujetaremos con un sargento a un pie o con una base especial de fotografía que tiene agujeros para poner tornillos y una espiga de 16 mm para ponerla sobre un pie.

La posición final de los objetos requiere paciencia y pruebas que nos permitan encontrar un equilibrio dentro de la escena. En el caso de la pelota, la situamos en una posición desde la que proyecte una sombra en la esquina de la raqueta.

Composición final.

Debido a la falta de potencia de la luz principal, la exposición correcta de la fotografía nos deja usar un diafragma de f4. Con esta apertura no podemos tener foco en toda la imagen, así que vamos a usar la técnica del *focus stacking* y uniremos diferentes fotografías con diversos puntos de enfoque para obtener una mayor profundidad de campo. Además, vamos a realizar una última fotografía del fondo sin ningún elemento para eliminar las varillas y sombras de forma más sencilla.

Una vez realizadas las fotografías del *focus stacking* y del fondo limpio, nos tocará eliminar todos los elementos que sujetan las raquetas, así como limpiar la imagen, la junta de la cartulina del fondo, etc. Entonces, ya tendremos terminada nuestra fotografía.

CREACIÓN DE BODEGONES CON ATREZO

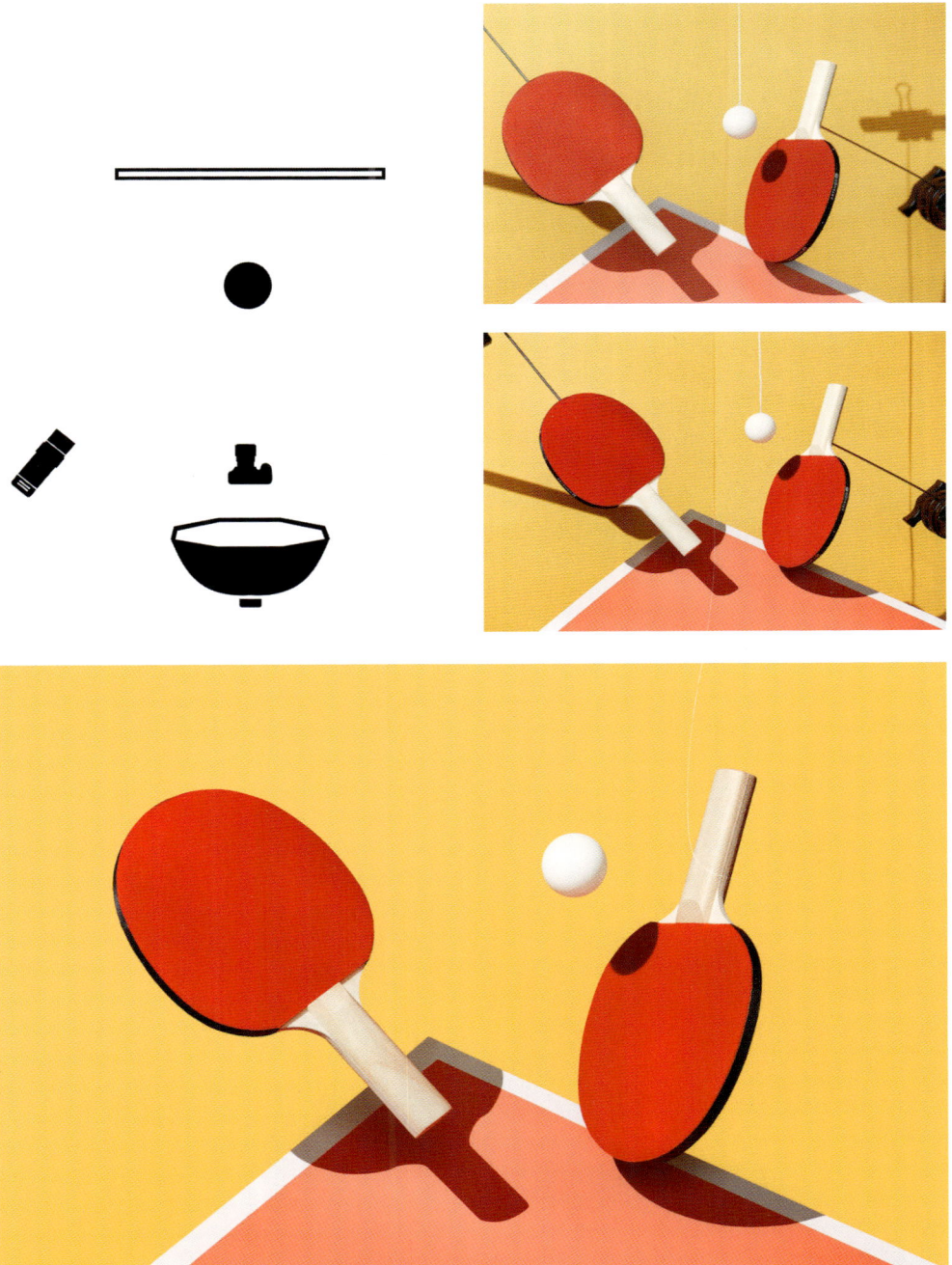

Canon 5dsR ISO 100 1/100 f/4 100 mm.

TAZAS

En este ejemplo vamos a realizar una fotografía de una taza de usar y tirar que se cae, y se le sale el café del interior.

Es una fotografía que tenía en mente, en la que una taza cae por un agujero y, debajo de este, vemos muchas tazas similares tiradas y sucias.

Para realizar esta fotografía usaremos tablones de MDF, que en mi caso pintaré de amarillo. Además, en el de la base, voy a realizar un agujero de 10 cm para que la taza pueda "caer". La base del agujero y la inferior se aguantan con caballetes, y la "pared" trasera se sujeta gracias a un pie con una pinza.

Taza y tapa sujetadas por los pies. Fotografía sin los pies y con el fondo limpio. Al no tener ningún elemento que bloquee el agujero, las tazas inferiores quedan más iluminadas.

La iluminación de la escena vendrá de una ventana situada encima del set, en posición cenital, a poca distancia. Con esto conseguimos iluminar la escena superior y permite que entre luz a través del agujero para iluminar ligeramente la pila de vasos usados.

Para aguantar la taza y la tapa en la escena "flotando", usaré dos pies para reflectores como los que hemos visto en el capítulo de iluminación. Estos pies me permiten poner ambos elementos en la posición que quiera y que no se muevan. Una vez disparada la foto, voy a tomar otra fotografía sin el vaso ni los pies para tener el fondo limpio y quitar los pies con Photoshop.

Como la luz es cenital, la parte frontal de la base amarilla se ve muy oscura y no se acaba de entender. Para conseguir un color amarillo plano que juegue bien con la pared del fondo y la base, vamos a disparar una fotografía usando un reflector blanco entre la cámara y la escena, debajo del set. Este reflector va a rebotar luz hacia la parte frontal y conseguiremos una buena exposición. Este recurso solo sirve para el frontal, ya que, al usar un reflector, variamos la exposición de la pila de tazas usadas y perdemos el efecto anterior. En posproducción realizaremos una selección con una máscara de capa, para dejar solo el frontal visible.

El recurso para la iluminación de la parte frontal.

Por último, realizaremos el *splash* de café saliendo de la taza, que montaremos encima de nuestra taza flotante. Podríamos realizarlo directamente con la taza pero, con el golpe y el movimiento, sería complicado

CREACIÓN DE BODEGONES CON ATREZO

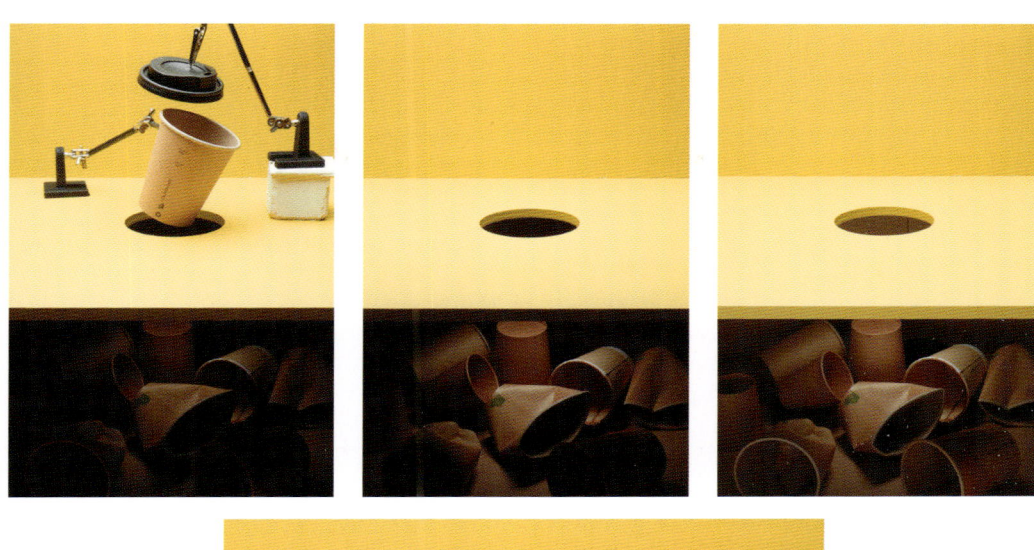

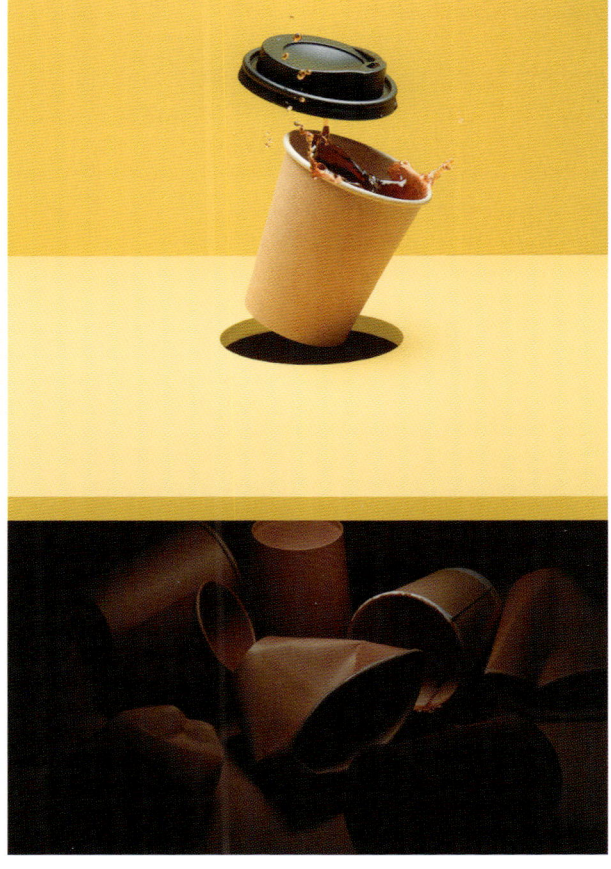

Canon 5dsR ISO100 1/100 f/11 50 mm.

que mantuvieran la posición. Para mí, la mejor solución es poner el vaso encima de la superficie en plano, colocar la tapa en su posición con una pinza y mover la cámara hasta conseguir la misma inclinación y ángulo que la fotografía flotando. Ahora nos va a tocar rellenar el vaso con café (en mi caso, café soluble) y tirar alguna bolita o elemento con cierto peso que pueda crear movimiento. Después de años haciendo este tipo de fotografía, he visto que la mejor manera para capturar el momento preciso es disparar y tirar el objeto tú mismo, ya que es más sencillo coordinarse. Solo debemos tener paciencia, un trapo y una fregona cerca para ir limpiando todo el líquido que vaya cayendo.

Para congelar el movimiento, tenemos que usar la luz del flash, no la cámara. Las velocidades de obturación de la cámara no bastan para congelar el líquido, así que debemos usar un flash con un destello de luz lo suficientemente corto para evitar que el líquido quede "movido". Cada vez hay más opciones en el mercado que ofrecen flashes rápidos para tomar estas fotografías. Otra buena opción es usar flashes de mano, que suelen tener velocidades bastante buenas.

Fotografía del splash con el encuadre inclinado para que coincida con la posición del vaso flotando.

En posproducción tendremos que eliminar los brazos que sujetan la taza usando el recurso de la escena sin la taza, iluminar el frontal de la base y añadir el splash dentro de la taza flotando mediante una máscara de capa.

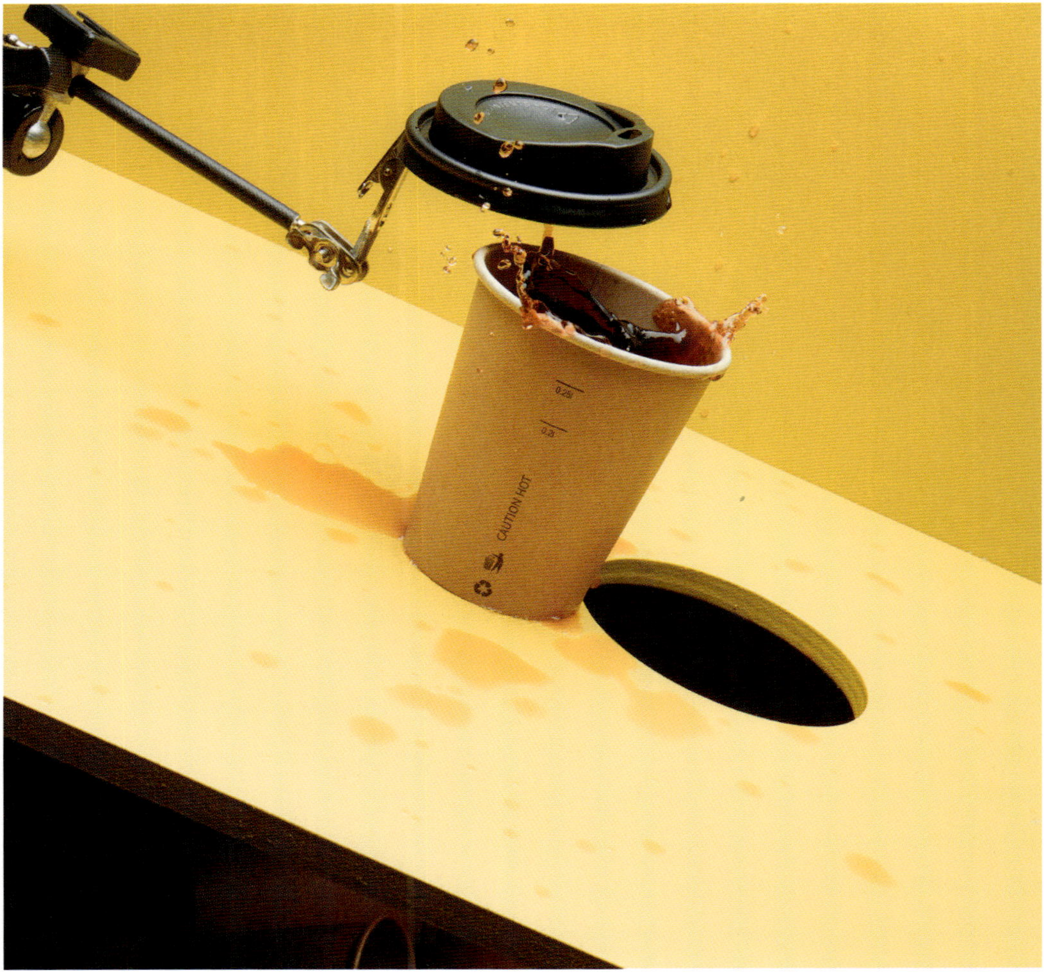

CREACIÓN DE BODEGONES CON ATREZO

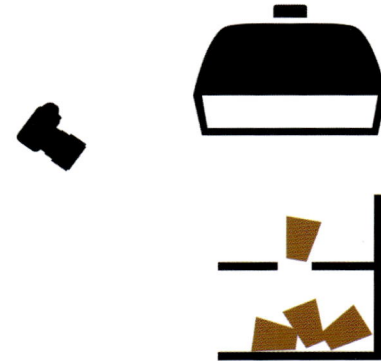

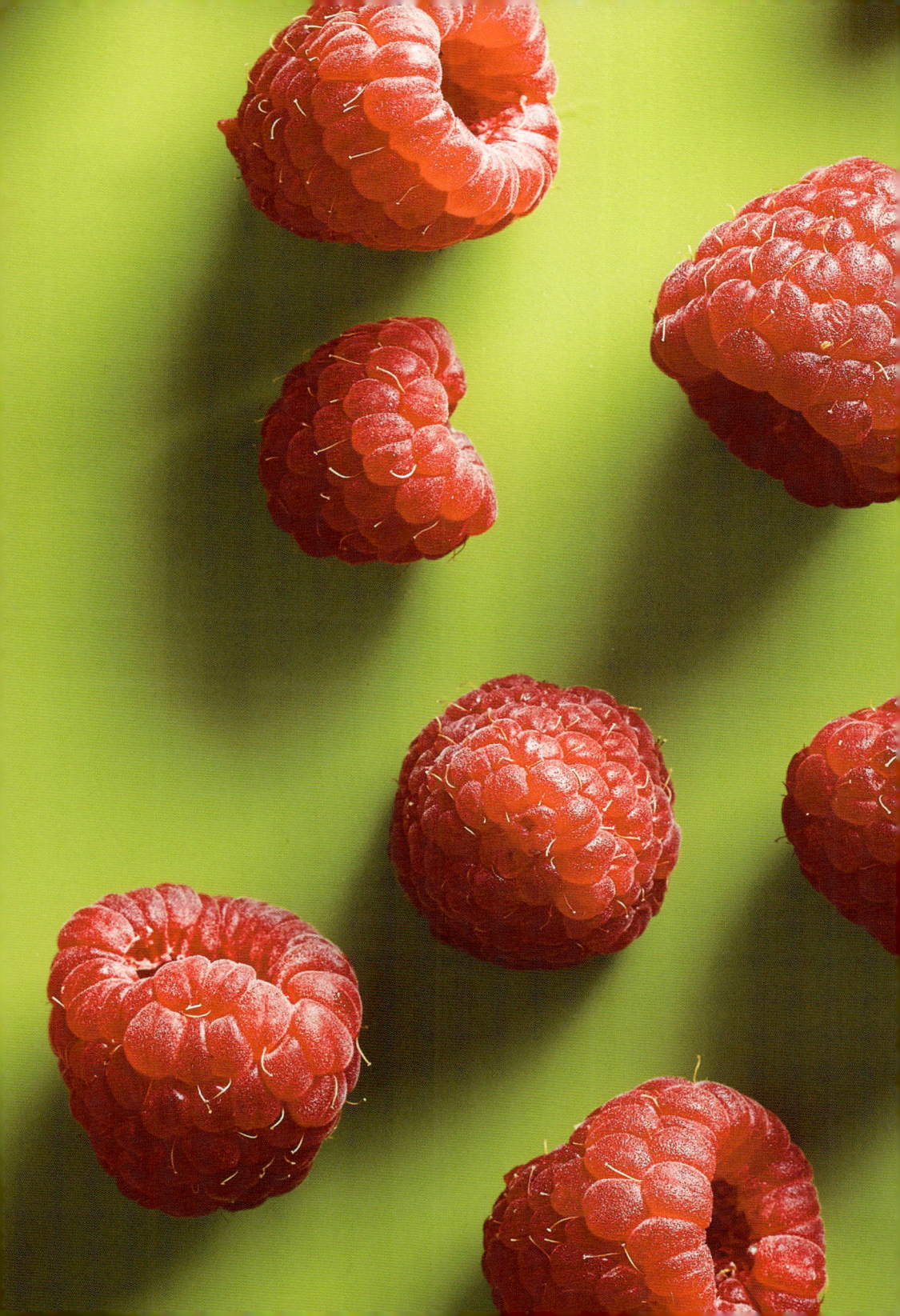

LA COMIDA Y LA BEBIDA

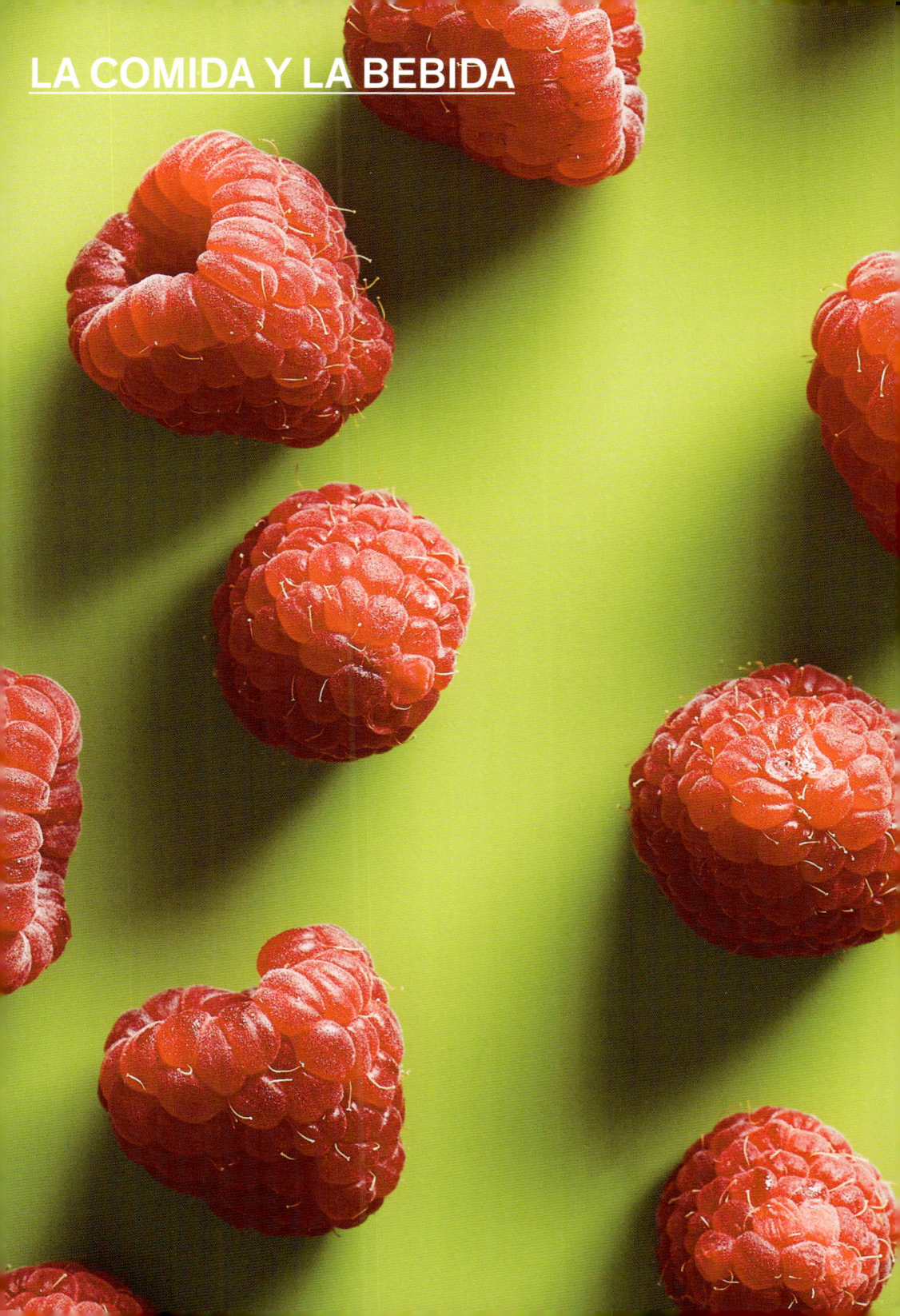

Aunque a menudo la fotografía gastronómica se aleja de la fotografía de producto —tiene mucho peso y hay muchos fotógrafos especializados en este ámbito—, no deja de ser un bodegón. En inglés es normal englobar la fotografía de producto y la de gastronomía bajo el paraguas de *still life*.

El gran problema que presenta la comida respecto a otros elementos es que se estropea con el paso del tiempo y esto nos fuerza a tener una buena preproducción y planificación de la fotografía que queramos tomar. Además, en muchos casos, deberemos coordinarnos con un estilista o cocinero que preparará la comida para nuestra fotografía.

A lo largo de este capítulo veremos los diferentes ejemplos de fotografías de comida y bebida.

GALLETAS

En este ejemplo vamos a recrear una mesa de cocina en la que estamos preparando unas galletas. El encuadre será cenital, ya que nos permitirá describir fácilmente el momento y los diferentes elementos de la escena. Tenemos que imaginar que ya hemos estirado la masa y la empezamos a cortar con un cortapastas. Añadiremos algunos elementos para aportar un ambiente alrededor, como pueden ser el rodillo, una bandeja de horno o un bote con harina.

La iluminación será muy sencilla y vamos a simular que la luz procede de una ventana de la cocina, manteniendo un tono bastante cálido y agradable. Para ello usaremos una luz con una ventana de 60 × 60 cm que nos provocará sombras densas pero degradadas. El flash está situado a un metro y medio de la escena, ligeramente picado. No vamos a usar reflectores para aumentar la exposición de la sombras, ya que mi idea es conseguir sombras densas, aunque podríamos usar algún reflector blanco a la derecha o debajo del encuadre si lo vemos conveniente.

Al ser un plano cenital, intentaremos enfocar los diferentes elementos de la escena. Vamos a usar un 50 mm a un diafragma medio de f/7.1 que nos asegurará la textura tanto en la parte superior del bol de harina como en la madera del fondo.

El primer paso será ubicar la masa a la que le habremos quitado la primera galleta. Esto evita que el pedazo de masa se vea excesivamente plano y nos ayuda a facilitar la lectura de la fotografía.

Una manía que tengo es que siempre intento que las vetas de la madera estén completamente paralelas al encuadre (o rompiendo el horizonte). En nuestra primera fotografía, las vetas caen hacia la derecha, lo que deberá corregirse.

LA COMIDA Y LA BEBIDA

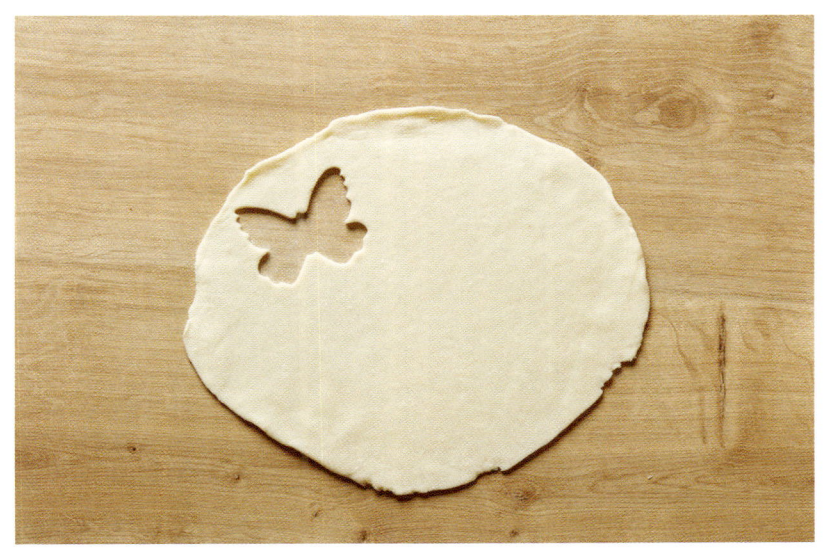

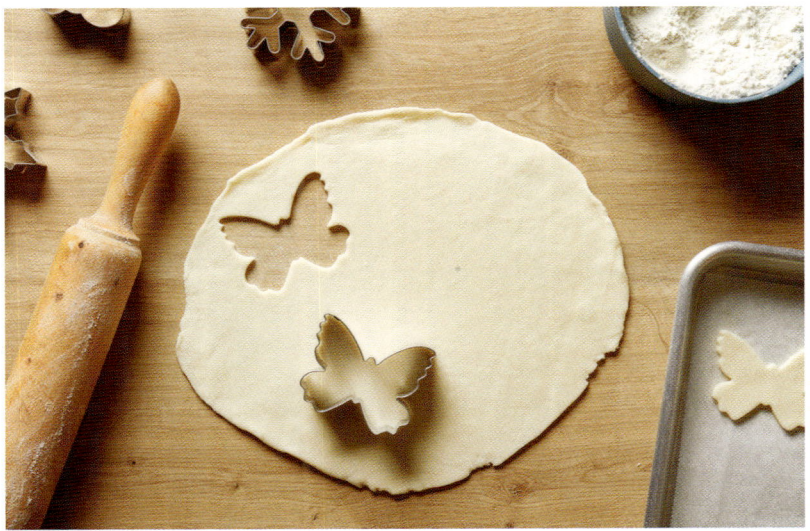

Vamos a añadir también algunos elementos: el rodillo con el que hemos estirado la masa, el bol de harina, la bandeja de horno y algunos cortapastas de diferentes formas. Para ubicarlos, he intentado rellenar espacios y que el peso de los elementos quede repartido alrededor de la escena. Algo que siempre procuro conseguir es que mis fotografías sean "reales"; con reales me refiero a que no tendría sentido que el bol de harina estuviera en la parte inferior de la mesa, ya que es donde tiene que estar la persona preparando galletas.

Después de colocar los elementos y corregir el encuadre, la escena funciona bastante bien. Para aumentar la sensación de realidad, vamos a añadir un poco de harina sobre la superficie de trabajo para reforzar la idea de que hemos elaborado la masa en este espacio. Cuando lo hagamos, es importante que no quede de forma regular y, por ejemplo, mover un poco la harina con los dedos. Si no lo hacemos, acabaremos teniendo una sensación exagerada de que la harina se ha añadido después para añadir textura.

Por último, la harina del cuenco está un poco quemada y sin textura. Esto lo podríamos solucionar recuperando las luces altas en el revelado, pero vamos a usar un pequeño cartón negro para bloquear parte de la luz que recibe el cuenco y dar textura a la harina. Además, añadiré otro pequeño cartón pluma en el lado izquierdo de la fotografía para crear una sombra cerca del rodillo. Esto genera la sensación de que, fuera del encuadre, hay otros elementos, y aumenta la sensación de realismo.

CÓCTEL

En este caso vamos a fotografiar un cóctel en copa, con un entorno elegante. Para conseguirlo, vamos a usar una superficie de mármol brillante que nos dará textura y algunos reflejos de las botellas y el atrezo que usemos. Para el fondo, usaremos papel gris, de modo que no distraiga demasiado.

Vamos a usar una bandeja dorada con asas en la que situaremos la copa y algún otro elemento. Además, añadiremos a la escena otros elementos de coctelería, como botellas, utensilios típicos, etc.

El cóctel que prepararemos será un Manhattan, un clásico elaborado con vermut y whisky de centeno, con una cereza en su interior. Por eso vamos a usar botellas de estos alcoholes y añadiremos un bol con cerezas.

La iluminación será muy sencilla y vendrá de una ventana octogonal de 150 cm, a unos 2 m de la escena. Esta luz producirá sombras

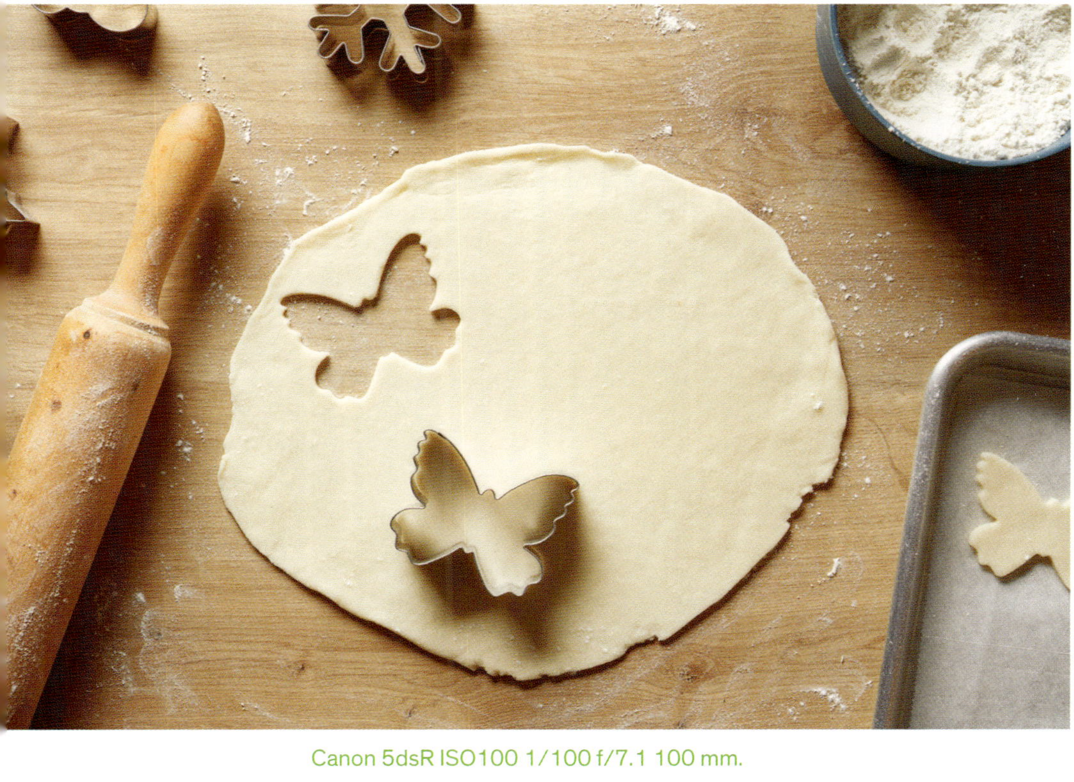

LA COMIDA Y LA BEBIDA

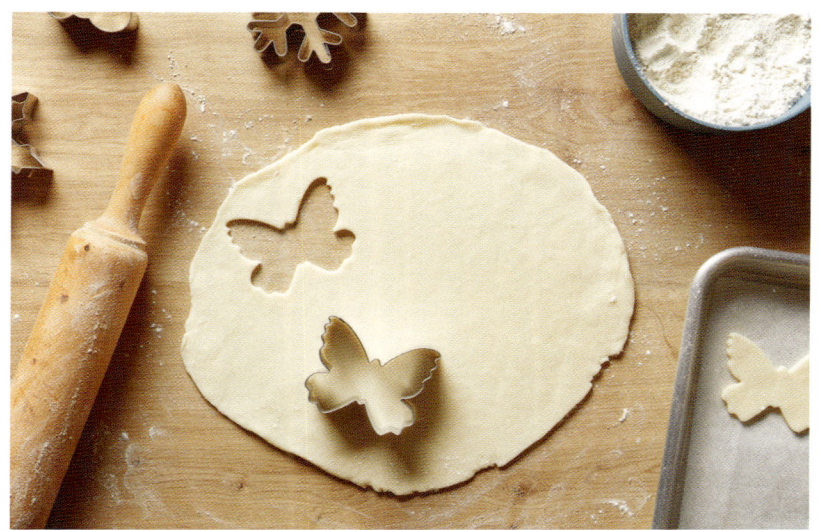

Canon 5dsR ISO100 1/100 f/7.1 100 mm.

agradables y brillos en las botellas que pueden ser interesantes. Añadiremos un segundo punto de luz con un flash, con un panal de abeja situado a la izquierda de la cámara, enfocando el haz, sobre todo a la bandeja trasera, con las diferentes botellas. Esto dará un poco más de luz a los frontales de las botellas y añadirá puntos de brillo en las diferentes superficies.

Vamos a usar un 100 mm con un diafragma bastante abierto para conseguir un fondo desenfocado pero, al no estar excesivamente cerca de la copa, nos permitirá obtener bastante información en el fondo.

La base de la bandeja dorada se ve un poco oscura.

En esta primera foto que estamos empezando a componer, no suelo prestar demasiada atención a si está limpia o si el bol tiene cerezas o no, ya que lo acostumbro a añadir al final del proceso, cuando todo está en su lugar y puedo repasar y limpiar todos los elementos.

Una de las cosas que no me convencen de la fotografía es que la base de la bandeja dorada se ve un poco oscura. Esto se debe a que refleja el gris del fondo. Con este mismo principio, vamos a añadir un cartón pluma blanco con un pie fuera del encuadre y ubicado en el espacio que ocupa el reflejo de la bandeja.

Al añadir el cartón pluma blanco en el fondo, la bandeja gana luminosidad.

Al hacer esto nos encontramos con el problema de que la superficie del cóctel ha quedado "lechosa", ya que refleja el mismo cartón pluma. La solución puede pasar por disparar dos fotos y juntarlas en posproducción o, como haremos nosotros, usar un pequeño cartón pluma negro de 10 × 15 cm que situaremos en el punto justo para que el reflejo blanco no afecte al líquido pero la bandeja siga iluminada. Todo este proceso requiere un poco de paciencia para ir ajustando milímetro a milímetro los diferentes elementos, pero el esfuerzo vale la pena.

Al poner el cartón que bloquea el reflejo, conseguimos quitar el reflejo lechoso del reflejo del fondo blanco.

Otro elemento que puede distraer en nuestra fotografía es que en la parte central de la copa vemos varios reflejos que rompen el color rojizo de la bebida. Estos reflejos están producidos por el pie de la copa y son imposibles de evitar (podríamos hacerlo variando el punto

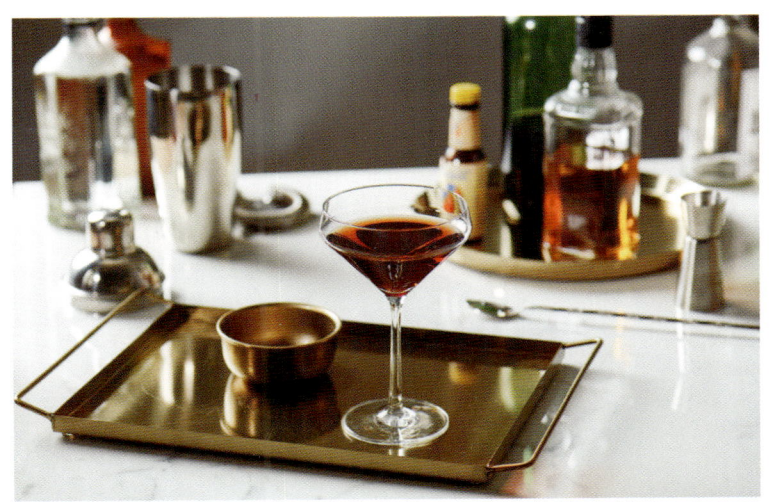
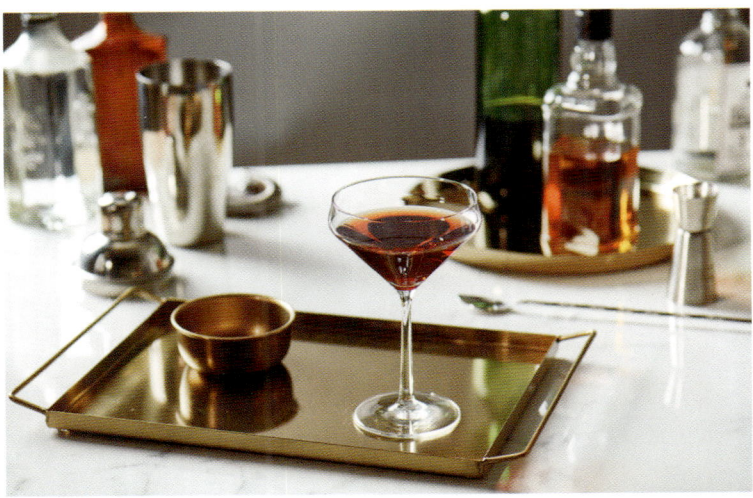
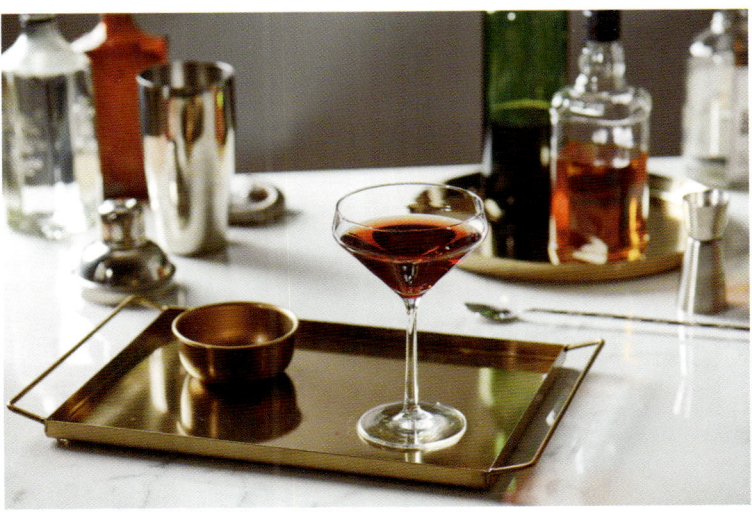

de vista de la cámara). Para solucionarlo, siempre uso un cartón pluma negro con un pequeño agujero para tapar el pie y evitar el reflejo. En este caso, solo podemos juntar las dos exposiciones en posproducción.

Con todo esto ya tenemos lista la fotografía. Hemos jugado con las diferentes botellas y colores para conseguir una escena equilibrada con bastantes reflejos tanto en el mármol como en la superficie dorada de la bandeja. En posproducción faltará unir el recurso para evitar el reflejo con la otra foto, así como limpiar de ralladuras y manchas la bandeja y la copa.

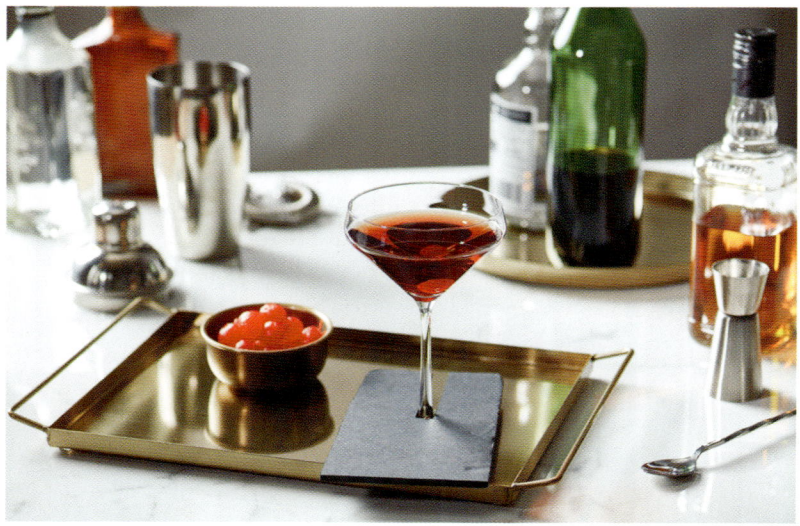

Al tapar el pie de la copa, el reflejo desaparece.

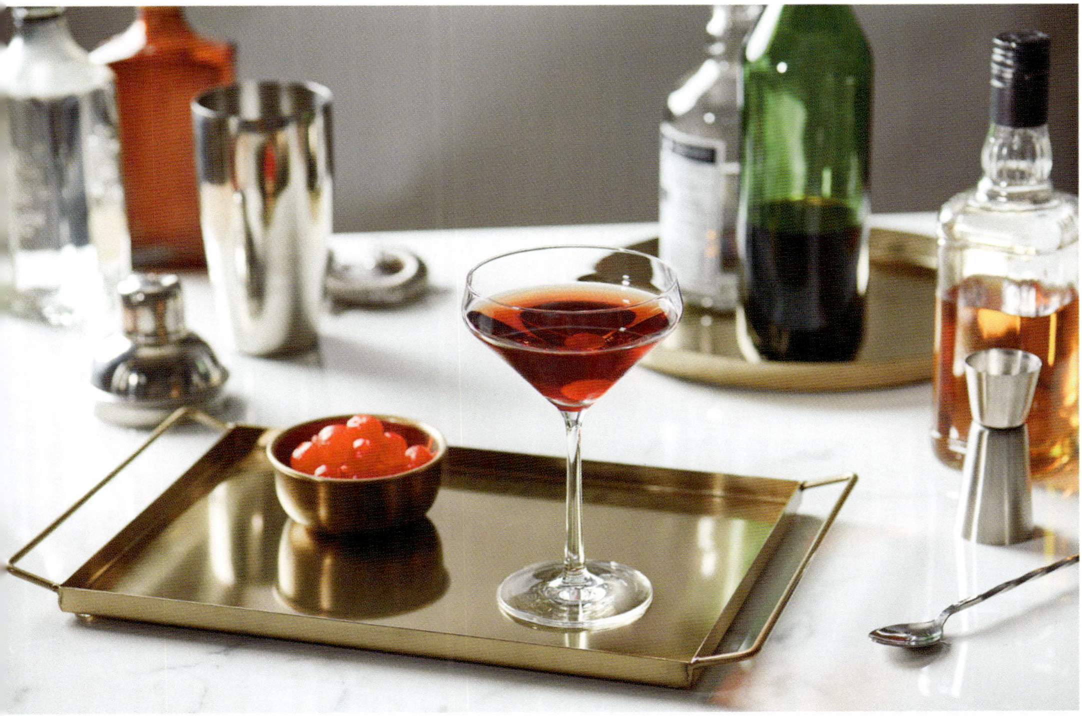

LA COMIDA Y LA BEBIDA

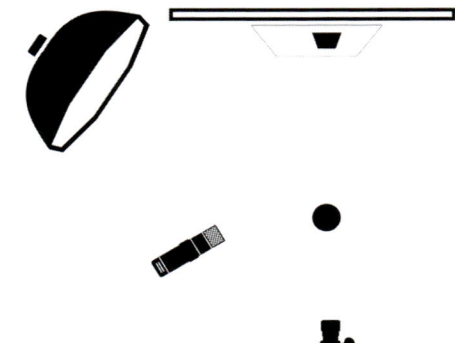

Canon 5dsR ISO100 1/100 f/4 100 mm.

COSTILLAS

En esta ocasión, vamos a preparar una fotografía de un costillar de cerdo asado servido con una cerveza. La idea es conseguir un *look* con carácter usando madera y sombras intensas.

Vamos a utilizar una madera de base y madera para la pared del fondo. La pared está hecha usando láminas de parqué sujetadas con unas pinzas sobre una plancha de conglomerado.

Tendremos una tabla de corte larga con el costillar, un bol lleno de ensalada de col, cubiertos y una cerveza con un vaso.

Para iluminar la escena, usaremos un flash a través de una ventana de 40 × 40 cm que romperá la dureza del flash pero mantendrá el carácter. La situaremos a la izquierda, justo detrás del fondo de madera.

Los diferentes elementos de la escena con la luz de la ventana de 40 × 40 cm.

Vamos a intentar bloquear parte de la luz que llega a la mesa usando cartón negro. Pondremos un cartón de 30 cm de alto sobre la mesa para reducir la cantidad de luz que entra por el lado izquierdo. También reducirá la luz que recibe el fondo. Además, añadiremos dos cartones más pequeños que producirán sombras en el lado izquierdo de la escena, como si hubiera más elementos fuera de cuadro.

Al usar bloqueadores, conseguimos mayor dramatismo. También hemos añadido un pimentero y un salero, que ayudan a equilibrar la escena.

Aunque el dramatismo y las sombras frontales de los elementos funcionan, vamos a reducirlas un poco añadiendo un flash a la derecha de la cámara, con un panal de abeja enfocando al costillar. Esta luz nos va a provocar brillos en todo el costillar, en el vaso y en la botella. Además, vamos a añadir un reflector plateado a la izquierda de la cámara, iluminando el corte de las costillas.

Ahora que la escena está lista, es el momento de volver a servir la cerveza para conseguir una espuma perfecta. Para ello, lo mejor es limpiar el vaso, servir la cerveza y generar espuma con un palillo chino de madera o similar, removiendo suavemente hasta conseguir la textura y volumen correcto.

También dispararemos un recurso para conseguir que el interior del vaso de cerveza esté completamente dorado (ahora se ve una línea que es el final de la mesa). Para ello, vamos a usar una cartulina dorada detrás del vaso que juntaremos en posproducción.

LA COMIDA Y LA BEBIDA

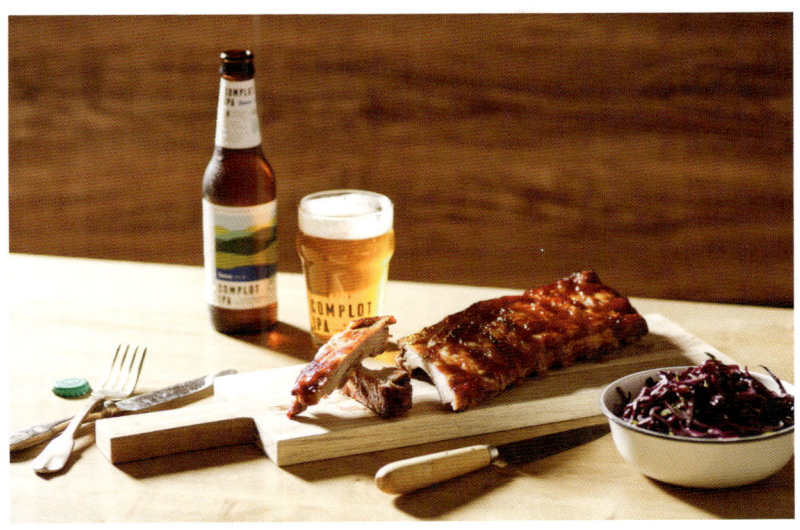

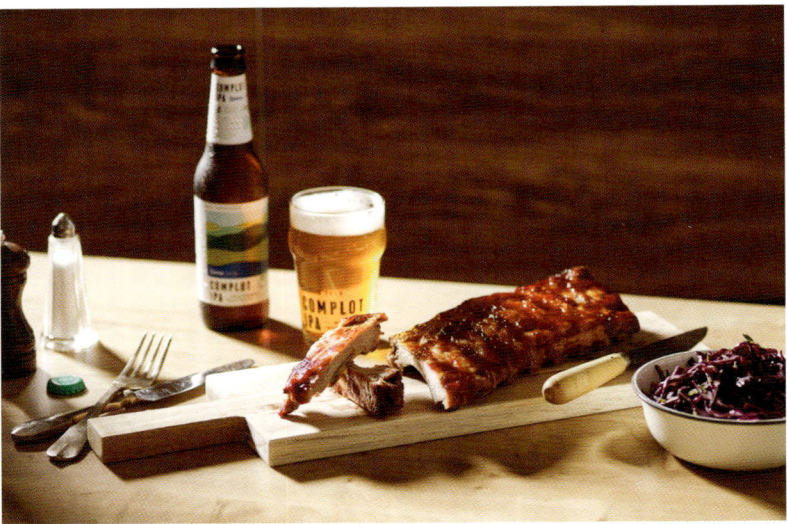

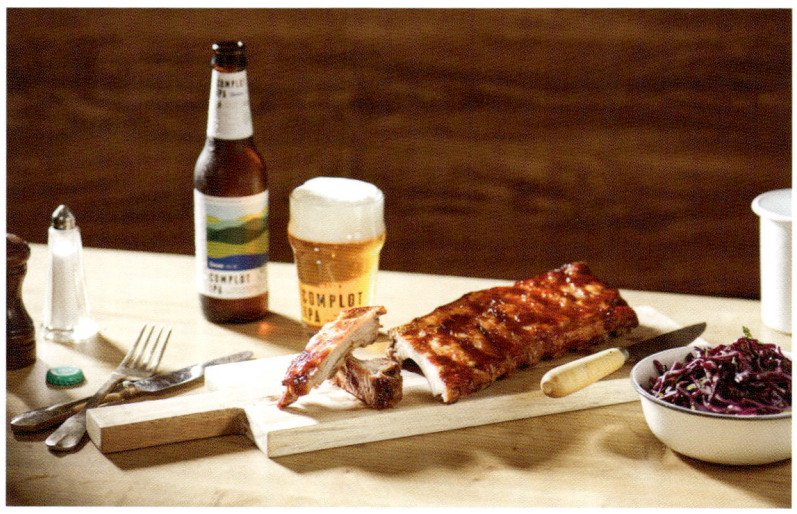

La luz de relleno y el reflector exponen mejor las zonas en sombra.

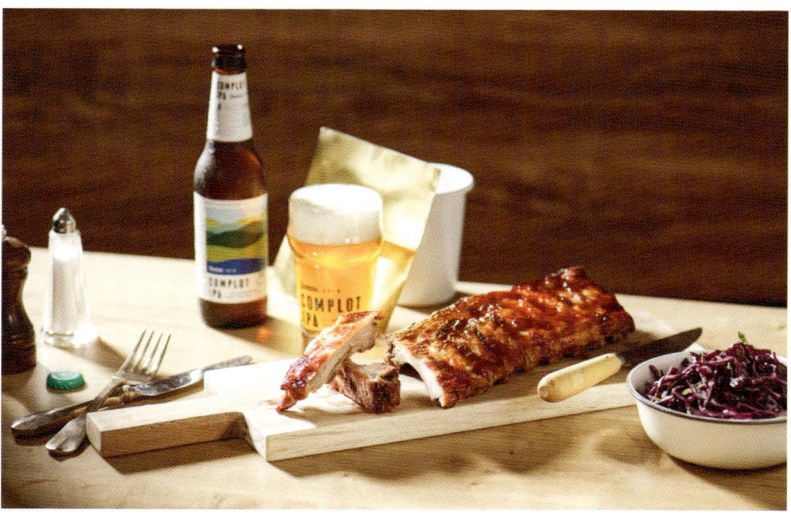

Al usar la cartulina dorada, conseguimos que el vaso tenga un color más homogéneo.

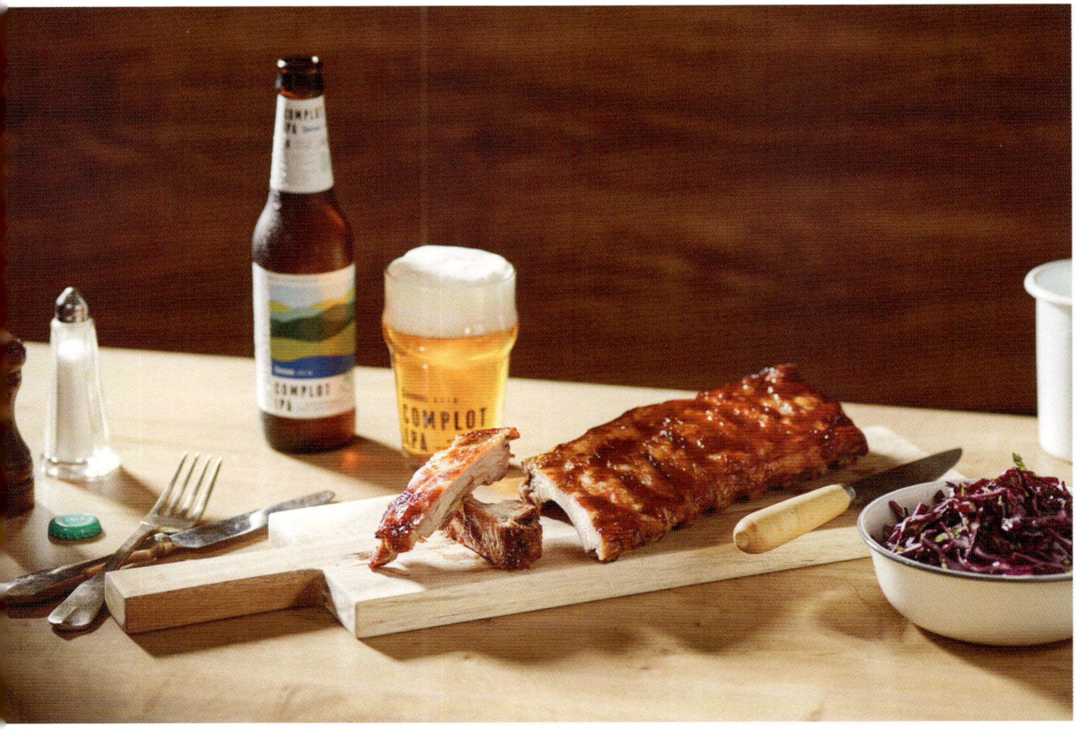

LA COMIDA Y LA BEBIDA

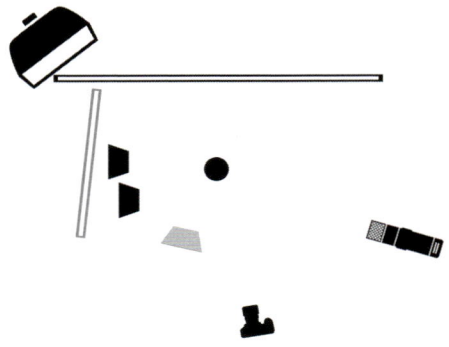

Canon 5dsR ISO100 1/100 f/3.5 100 mm.

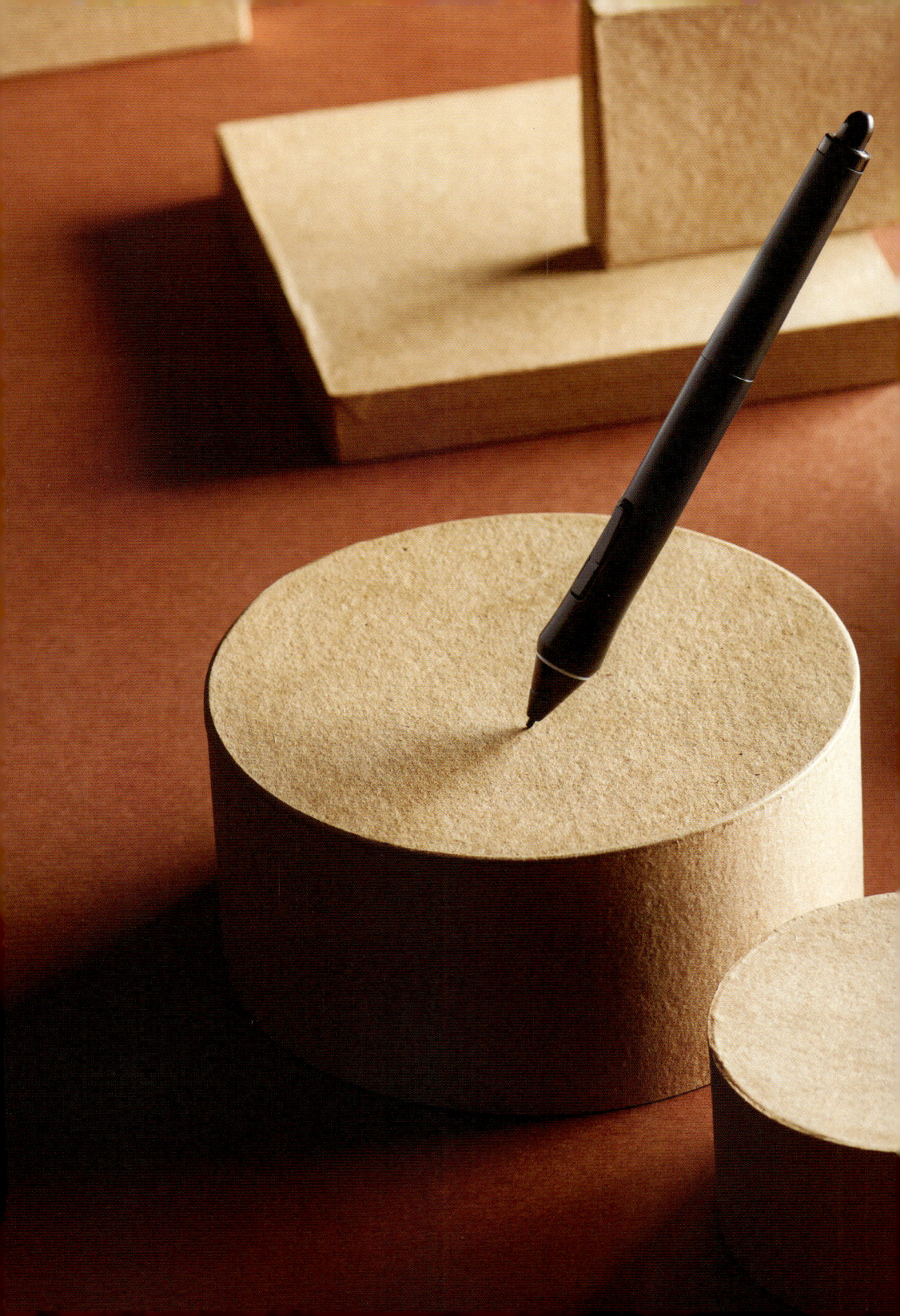

LA POSPRODUCCIÓN

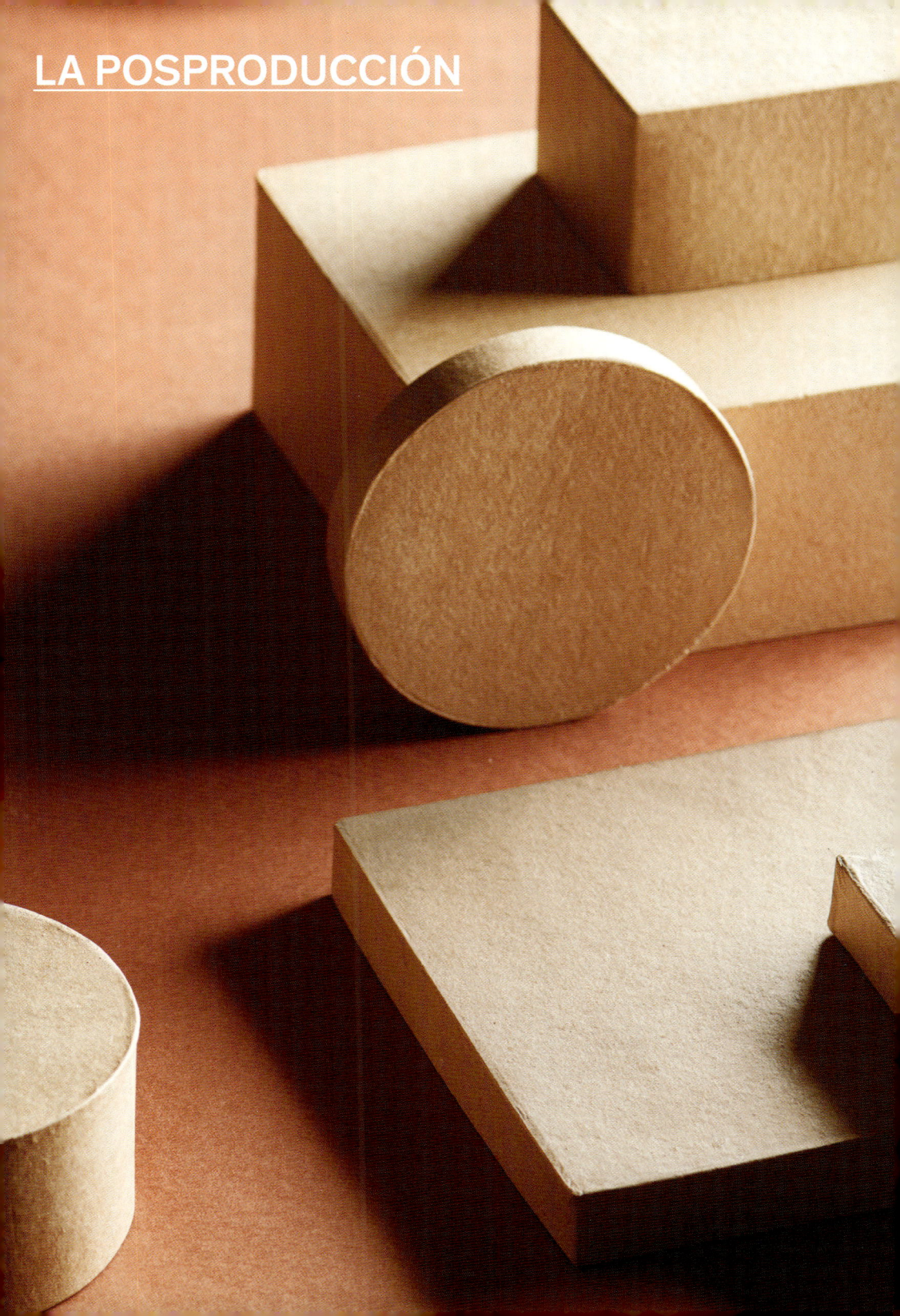

GESTIÓN DEL COLOR

La gestión del color busca una armonización de los colores a lo largo del proceso, desde la captura de una fotografía hasta la impresión o exposición en pantalla. Esto se hace controlando las conversiones de color entre los diferentes dispositivos, es decir, que los colores que captamos con la cámara coincidan con los que vemos en nuestra pantalla y con la fotografía impresa.

En la fotografía de producto, la gestión de color es básica para asegurar que los colores de los productos que estamos fotografiando sean lo más fieles posible a la realidad. Nuestra obligación como fotógrafos es prestar atención al color para garantizar un trabajo de la máxima calidad.

Existen dos categorías para los dispositivos: los de entrada, que capturan la imagen (cámaras y escáneres) y los de salida, pantallas e impresoras. Todos los dispositivos que van a representar color deben tener su propio perfil de color para evitar errores durante el proceso.

Muestra de dos cartas de color y un colorímetro.

_**Dispositivos de entrada**. Para crear un perfil de una cámara o un escáner se usa una carta de color. Una carta de color es una serie de parches de colores o grises impresos encima de una superficie, generalmente rígida. Las hay de muchos tipos y medidas, y se pueden encontrar cartas de color de 20 parches hasta cartas de más de 250. Generalmente, se crea un perfil fotografiando una carta de color en condiciones óptimas de trabajo y posteriormente, con un software específico, se analiza la carta y se crea un archivo ICC o ICM que podremos usar con la mayoría de los softwares de revelado y edición.

_**Dispositivos de salida**. Para perfilar un monitor se usa un colorímetro, una especie de ojo electrónico que permite analizar los colores producidos por una pantalla. De igual forma, un espectrofotómetro hace lo mismo con una impresora.

Colorímetro en uso en un ordenador portátil.

El calibrado del monitor tiene que ser un básico incuestionable para todo fotógrafo. Trabajar con un monitor sin perfilar significa no ver correctamente nuestro trabajo y puede ocasionarnos muchísimos problemas. Es importante tener en cuenta que ninguna pantalla viene perfilada de fábrica, por mucho que cueste miles de euros o sea Apple (aún me encuentro fotógrafos que me dicen que las pantallas Apple vienen calibradas).

LA POSPRODUCCIÓN

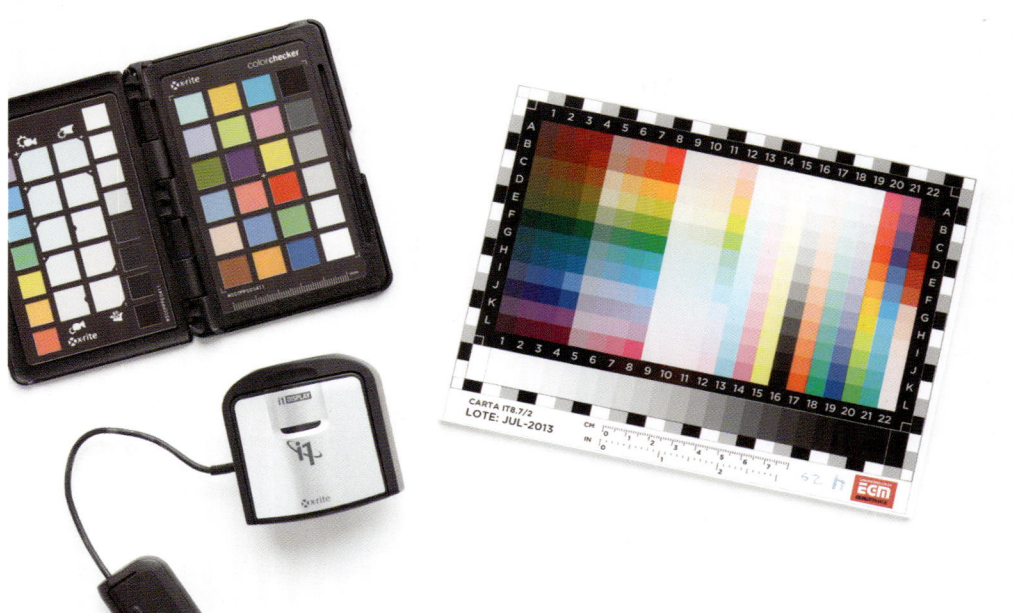

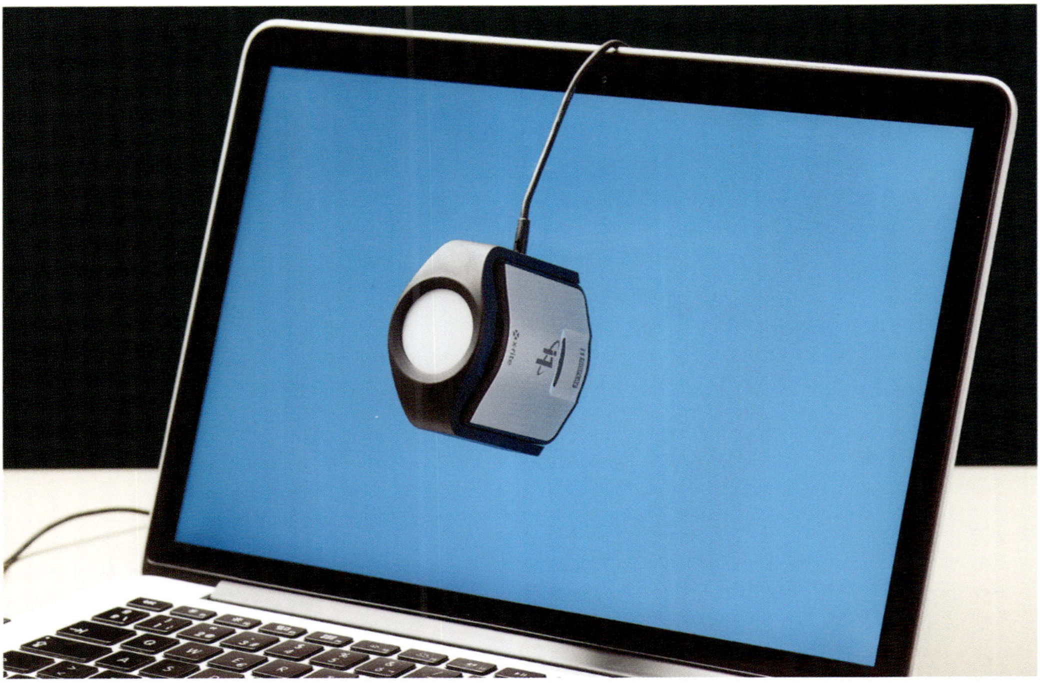

Así, es mejor trabajar con una pantalla de 150 € calibrada que con la mejor pantalla del mercado de 5.000 € sin calibrar. El perfilado se realiza conectando el colorímetro al ordenador y usando un software específico que pasará diferentes muestras de color en la pantalla que el colorímetro analizará hasta crear un perfil ICC o ICM.

REVELADO DE ARCHIVOS

El revelado digital nos permite dar el *look* que buscamos a nuestras fotografías. Es la parte donde se trabaja el archivo RAW para sacar el máximo provecho de él.

En esta sección veremos el proceso de revelado de una fotografía con los dos programas más populares, además de algunas de sus diferencias.

El formato RAW ('crudo', en inglés) es un formato de imagen muy común actualmente que contiene toda la información de la imagen, sin ninguna pérdida. Este formato permite, por ejemplo, tener más margen en el procesado, recuperando zonas sin textura. Cada marca de cámaras tiene su propia extensión de archivos RAW y podemos encontrar ARW en Sony, CR2 en Canon o NEF en Nikon.

CAPTURE ONE

Capture One es el software de revelado de la marca de cámaras Phase One. En los últimos años ha crecido su popularidad gracias a sus potentes algoritmos, así como por sus opciones para trabajar conectados con la cámara al ordenador.

Capture One se organiza por sesiones y estas, si se quiere, se pueden organizar en catálogos (no deben confundirse con los catálogos de Lightroom). Para mí, uno de los aspectos más interesantes del programa es que una sesión se ubica dentro de una carpeta e incluye todos los archivos y ajustes necesarios. Esto te permite mover sesiones entre ordenadores o trabajar en discos duros portátiles de forma sencilla.

Dentro de una carpeta de sesión, encontramos un archivo ejecutable de Capture One y cuatro carpetas con todos nuestros archivos. Estas carpetas pueden renombrarse, aunque, por defecto, aparecen así:

_**Capture**. Aquí van todas las importaciones o disparos realizados con la cámara conectada.

_**Selects**. Carpeta para ubicar las fotografías seleccionadas.

_**Output**. Donde se guardan las exportaciones en diferentes formatos.

LA POSPRODUCCIÓN

_**Trash**. Carpeta destino de todas las fotografías que eliminemos de las otras carpetas. La podemos dejar llena hasta estar seguros de que no nos hacen falta. Cuando acabemos, podremos vaciarla y eliminar definitivamente los archivos.

El espacio de trabajo de Capture One es sencillo. A la izquierda tenemos el panel de ajustes y controles con diferentes subpaneles que podemos cambiar en la parte superior. Además, todas las herramientas de cada subpanel son móviles y podemos añadir o quitar herramientas a nuestro gusto.

En la parte central encontramos el espacio donde se van a visualizar las fotografías y, debajo o a la derecha (se puede cambiar pulsando ctrl + shift + B), el *slide* con todas las miniaturas de nuestras fotografías. En el panel superior están las herramientas y otras funciones, como rotar la imagen, alertas de exposición, etc.

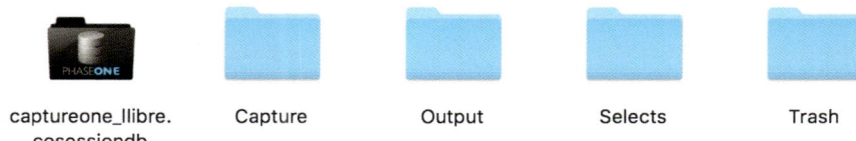

captureone_llibre.cosessiondb   Capture   Output   Selects   Trash

En una carpeta de sesión se encuentra el archivo ejecutable y las cuatro carpetas con los archivos.

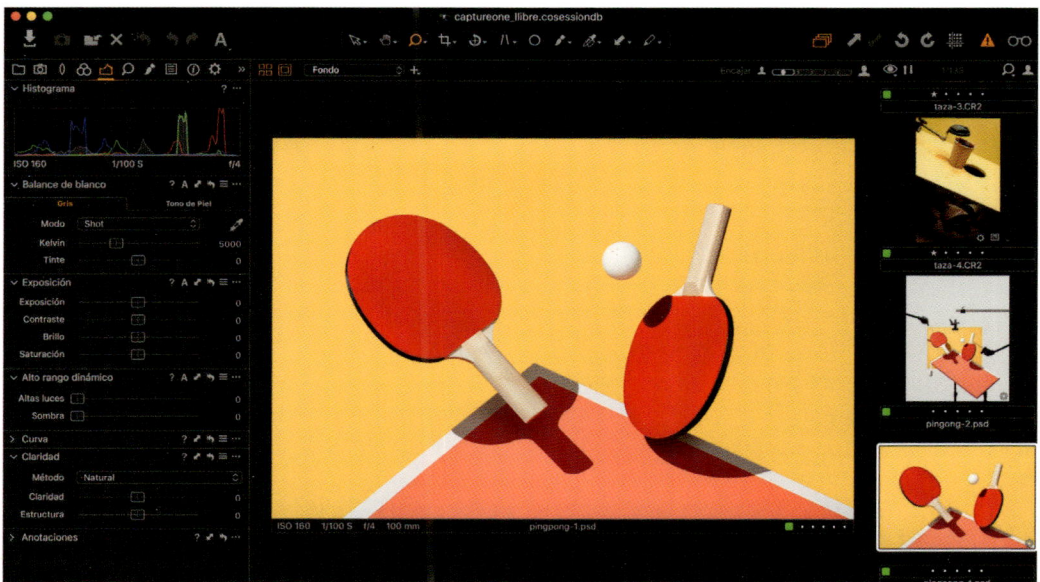

Entorno de trabajo de Capture One.

REVELADO EN CAPTURE ONE

Antes de ponernos a revelar en Capture One debemos tener en cuenta que la fotografía que queremos revelar se nos muestra en el espacio de color seleccionado en la fórmula de proceso del panel *Salida* (en el menú lateral izquierdo, con el icono del engranaje). Esto quiere decir que, dependiendo del espacio de color que usemos, el histograma va a variar (poco, pero cambiará). Es importante tenerlo en cuenta para evitarnos sorpresas.

Una de las características que hacen de Capture One una herramienta muy usada por fotógrafos profesionales es que permite, entre otras cosas muy interesantes, el uso de perfiles de color ICC. Gracias a esto, podemos crear un perfil de color de nuestra cámara (no hablo del modelo, sino de nuestra unidad) usando una carta de color para conseguir unos colores más fieles a la realidad.

El revelado irá en función de la fotografía que tomemos y, en muchos casos, habrá herramientas que no usaremos. Veamos la más habituales y una breve explicación de las mismas. Es importante tener en cuenta que siempre tenemos que empezar el revelado con las herramientas que nos van a alterar el histograma, como pueden ser recortar, perspectiva o la corrección de la lente.

> **_Recortar y enderezar**. No tienen mucho misterio, ambas funcionan como en la mayoría de los programas de edición. En el caso de enderezar, tenemos la opción de tirar una línea recta sobre el horizonte para dejarla horizontal o vertical.
> **_Perspectiva**. Es muy útil para corregir líneas y formas. Se puede usar tanto en vertical, horizontal o con ambas a la vez. En el caso de una botella, si queremos tener las líneas laterales paralelas, usando la perspectiva vertical trazamos los laterales y, al pulsar *Aplicar*, la imagen se deformará para conseguir que estas líneas queden paralelas. Esta herramienta también se puede usar como *slides* en el menú izquierdo; tenemos la opción de que la cantidad de corrección que aplique no sea total y podemos bajarlo a un 80 o 90 % para conseguir un cambio más natural y no tan forzado.
> **_Balance de blancos**. Permite equilibrar la temperatura y tinte de color de la fotografía. Funciona de forma similar a la mayoría de los softwares de fotografía, e incorpora un cuentagotas para hacer el equilibrio de blancos automáticamente, muestreando una carta de blancos.
> **_Exposición**. En este desplegable se encuentran las herramientas principales para el ajuste de la exposición de la imagen:
>> **Exposición**. Permite aumentar o disminuir la exposición de una fotografía. En principio, esta herramienta sirve para corregir pequeños

desajustes, aunque no es habitual usarla si hemos tomado bien nuestra fotografía.

Contraste. Empuja la zona media del histograma (los grises medios) hacia los extremos, tanto hacia el negro como hacia el blanco. Al aumentar el contraste, algunas partes de la imagen pueden quedar sin información.

Brillo. Nos permite mover la zona media del histograma hacia el blanco (aumentando el brillo) o hacia el negro (bajando el brillo) sin pérdida de información en los blancos o negros. Es una manera muy efectiva y sencilla de ajustar el brillo en una fotografía.

Saturación. Permite ajustar el color y el contraste de los colores en una fotografía. Además, la saturación de Capture One es inteligente y actúa de forma más progresiva en los colores que están muy saturados. El uso de saturación no afecta al brillo de la imagen.

Alto rango dinámico. Permite corregir las puntas del histograma. Con el *slider Altas luces*, corregimos el lado derecho del histograma y conseguimos recuperar zonas quemadas sin información. *Con Sombras*, hacemos exactamente lo mismo en las sombras. En las últimas versiones del programa, el algoritmo de alto rango dinámico ha mejorado muchísimo, y ahora es una herramienta muy potente que ni en valores altos crea artefactos ni halos (como solía ocurrir en la mayoría de los softwares hace años).

Curvas. Las curvas funcionan de igual manera que las de Photoshop. Permiten ajustar los valores de píxel tanto del canal RGB como de los canales de color por separado. Desde Capture One 10, se añadió otro tipo de curva llamada *Luma*. Funciona igual que la curva de RGB, pero en *Luma* no se afecta a la saturación de la imagen. Esto evita que, al contrastar usando curvas, aumente la saturación de la imagen, con el problema que esto supone de tener que corregirlo *a posteriori*.

Claridad. Permite ajustar el microcontraste en las líneas de una fotografía. Además, en el caso de Capture One, *Claridad* está separada en dos *sliders*. El primero, *Claridad*, afecta a las líneas grandes, mientras que *Estructura* afecta a las líneas pequeñas. Esto nos ofrece libertad para obtener un mejor resultado. Además de los dos *sliders*, podemos cambiar de método entre cuatro opciones: el modo *Neutral*, que añade claridad de forma natural; *Intensidad*, que es más agresivo; *Natural*, que se parece bastante al primero; y *Clásico*, que es el mismo algoritmo que se usaba en Capture One 6 y anteriores.

Editor de color. Permite ajustar los colores de una fotografía de forma local. Existe el modo *Básico*, con el que podemos ajustar diferentes colores predeterminados, y el modo *Avanzado*, el más interesante, que permite muestrear un color, ajustar la selección y corregirla. Para muestrear el color que queremos modificar, se selecciona el cuentagotas de la herramienta, se muestrea el color y, en la rueda de color superior, podemos ajustar el rango de la selección. Para ver la parte de la imagen afectada, se puede activar la opción *Ver intervalo de color seleccionado*, que nos dejará la fotografía en blanco y negro, excepto la zona afectada en la selección. Una vez seleccionada, podemos ajustar el matiz, luminosidad y saturación de la zona a nuestro gusto. Vale la pena practicar para dominar esta herramienta, ya que es una de las más potentes que ofrece el programa.

Ajustes locales. Permiten modificar partes de la imagen de forma local. Funciona con capas que podemos renombrar y ajustar su opacidad. Podemos seleccionar la zona afectada con un pincel o con un degradado (podemos ver la zona que pintamos pulsando la tecla M, que nos mostrará una máscara roja). Seleccionada la zona, podemos modificarla usando la mayoría de las herramientas que hemos visto antes.

Revelado nuestro archivo, si queremos seguir trabajándolo en Photoshop, tendremos que crear una fórmula de exportación. Para ello, en el panel izquierdo, debemos ir al subpanel de *Salida* (con forma de engranaje), crear una fórmula nueva, que suelo llamar PS, con los ajustes que queramos; en mi caso, y por norma general, exporto los archivos en TIFF a 16 bits, sin compresión, en Adobe RGB, 300 px/in, sin escalar y, en la opción *Abrir con*, pulsamos sobre Photoshop. Ahora simplemente seleccionamos las fotografías que necesitemos exportar, pulsamos el botón de *Procesar* y ¡listo!

LIGHTROOM

Adobe Photoshop Lightroom es, seguramente, el programa de catalogación y revelado de fotografías más conocido que existe en el mercado. Pertenece a Adobe, y tiene un sistema de catalogación muy bueno que permite archivar enormes catálogos de fotografías. El software de revelado que usa es el mismo que encontramos en Adobe Camera Raw, así que si algunos lectores prefieren trabajar con Camera Raw, podrán seguir las mismas indicaciones que en Lightroom.

Lightroom permite trabajar con la cámara conectada, igual que Capture One, aunque con menos opciones, ya que, básicamente, tenemos un botón de disparo con el que no podremos modificar ningún control de la cámara. Lightroom funciona con catálogos donde se archivan todas nuestras

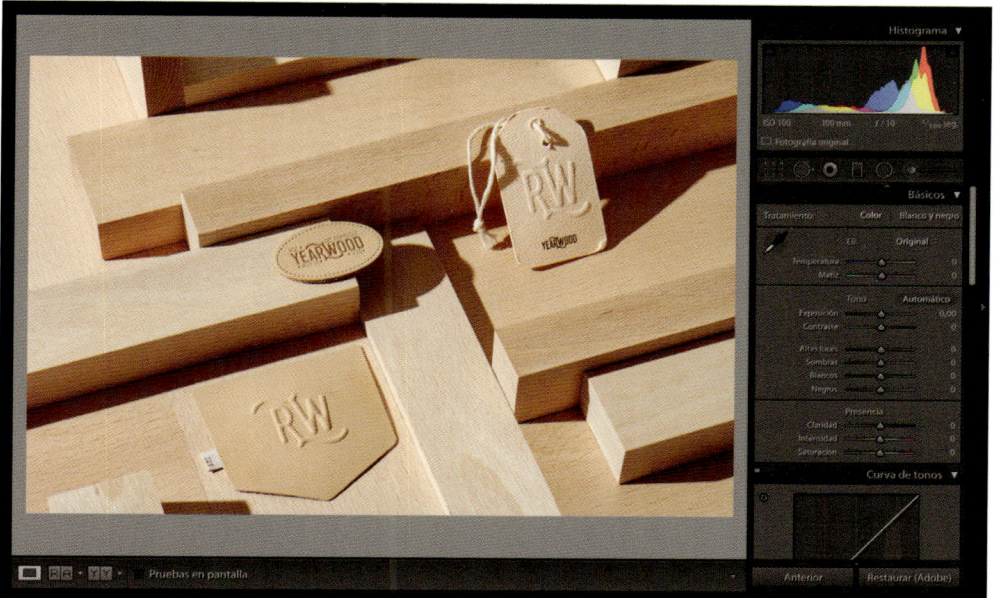

Entorno de trabajo de Lightroom.

fotografías. Así como en Capture One todos los archivos de una sesión se encuentran en una carpeta, en Lightroom podemos tener separados los archivos de ejecución de Lightroom de nuestras fotografías incluso en discos separados, etc. Esto tiene la ventaja de gestionar todo tu archivo desde un mismo sitio, pero tiene la limitación de que, si cambias alguna ruta de una carpeta, te pueden desaparecer las fotografías, ya que Lightroom no podrá encontrarlas.

El espacio de trabajo de Lightroom es sencillo e intuitivo. Al iniciar el programa, nos encontramos en el panel *Biblioteca*, y en la parte central tenemos miniaturas de nuestras fotografías importadas; a la izquierda hay un panel para navegar entre las diferentes carpetas y colecciones. En el panel derecho encontramos los metadatos, el histograma y las palabras clave. Adobe ofrece bastantes recursos en su web para profundizar en estas herramientas; es interesante entender cómo funcionan para acelerar y mejorar tu flujo de trabajo.

REVELADO EN LIGHTROOM

En el menú superior, podemos movernos por los diferentes paneles. En nuestro caso, vamos a ver más a fondo el de *Revelado*.

En este panel encontramos un menú a la izquierda con algunos *presets* y un submenú de *Historia* con el que podemos deshacer los pasos hechos siempre que queramos. El menú derecho es el que usaremos para el revelado de nuestro RAW.

_**Recortar y enderezar**. Igual que en Capture One, siempre tenemos que empezar el revelado por cualquier ajuste que nos vaya a variar el histograma. Recortar o rotar la fotografía nos va a hacer perder partes de la imagen y, por lo tanto, afectar al histograma.

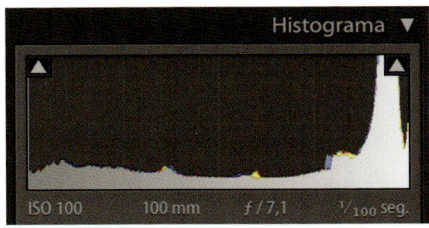

El triángulo en gris claro indica que hay zonas sin información a ambos lados. Al clicar sobre los triángulos, aparecerá un borde resaltando el triángulo y, en la imagen, se mostrará una máscara en rojo (para el blanco) y azul (para el negro) con zonas sin información.

_**Transformar**. En la parte baja del menú, encontramos un submenú llamado *Transformar*. Nos permite deformar la fotografía para corregir la perspectiva, ajustar líneas, etc. Se puede hacer de forma manual o usando las guías que tenemos que dibujar sobre líneas que queramos hacer paralelas y el programa deforma la fotografía hasta dejarla perfecta.

_**Básicos**. En este submenú vamos a ajustar la exposición, temperatura de color, etc. Es interesante ver si tenemos zonas sin información en los blancos y negros. En Lightroom lo podemos activar en las esquinas superiores del histograma.

_**Temperatura y matiz**. Igual que en otros programas, en este panel podemos ajustar la temperatura de color y el matiz de la fotografía. Incluye un cuentagotas para realizar un balance de blancos sobre una carta de blancos. También en este menú podemos transformar la fotografía a blanco y negro.

_**Exposición**. Podemos mover la parte central del histograma. En principio, los cambios que haremos serán ligeros, ya que la toma en cámara tendría que estar correctamente expuesta.

_**Contraste**. Al aumentar el contraste, estiramos el histograma hacia los extremos, reduciendo los grises medios. Al aumentar el contraste, veremos que nos aparecen zonas sin textura en los blancos y los negros.

_**Altas luces y sombras**. Estos dos ajustes varían las partes de grises claros y oscuros, aunque no las puntas del histograma. Actúan como una especie de brillo que no afecta en exceso a los límites del histograma.

_**Blancos y negros**. Estos dos ajustes afectan a las partes más externas del histograma y nos pueden servir para recuperar información en los blancos y los negros.

_**Claridad**. La claridad añade un pequeño contraste en las líneas y da sensación de mayor nitidez, aunque en exceso crea volúmenes extraños.

A mi parecer, se tiene que usar con delicadeza. En versiones antiguas de Lightroom, al usar valores de claridad altos, aparecían halos en los contornos, pero, por suerte, ha mejorado el algoritmo y esto ya nunca sucede.

_**Intensidad y saturación**. Estos dos valores nos permiten variar la saturación de la fotografía. El ajuste *Saturación* lo hace de forma global, mientras que *Intensidad* es inteligente y afecta solo a los medios tonos.

_**Curva de tonos**. Funciona como las curvas de Photoshop. Podemos variar la línea de la curva para ajustar la distribución del histograma.

_**HSL**. Este submenú (abreviación del inglés para *hue*, 'tono'; *saturation*, 'saturación'; y *luminance*, 'luminosidad') tenemos todos los parámetros relacionados con el color. Nos separa los tonos de una imagen en ocho colores y se puede ajustar el tono, la saturación y la luminosidad de cada color.

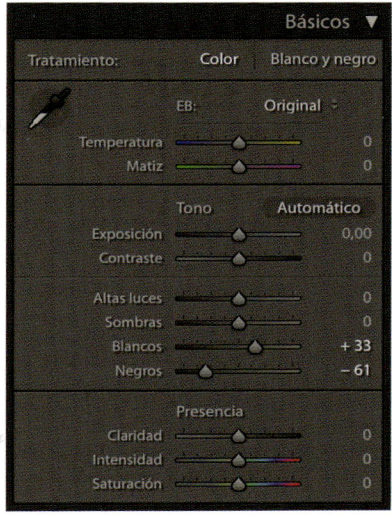

Menú básico de Lightroom.

Es una herramienta rápida de utilizar, aunque, en mi opinión, no es tan precisa aislando colores como las herramientas de Capture One.

Si queremos seguir trabajando nuestra fotografía en Photoshop podemos enviarla de forma sencilla pulsando el botón derecho sobre la imagen, *Editar en > Photoshop*. También podemos usar la secuencia *ctrl + E* (*cmd + E* en Mac).

PREPARACIÓN DEL ARCHIVO EN PHOTOSHOP

Una vez revelado el RAW, tenemos que acabar nuestra fotografía en Photoshop. Con el tiempo y algunos despistes que me han hecho perder muchas horas, he ido encontrando un sistema para trabajar una fotografía en Photoshop, intentando ser lo menos destructivo posible. Esto me permite volver a un estadio anterior sin tener que repetir todo el proceso, así como realizar los cambios que un cliente me puede pedir una vez entregado el trabajo.

Vamos a ver el ejemplo de una fotografía en la que vamos a combinar tres tomas para conseguir que todas las partes se vean correctamente. El primer paso es abrir todos los archivos y apilarlos en un mismo documento por capas. Es frecuente que haya un ligero movimiento del encuadre entre las exposiciones, así que, para solucionarlo, lo mejor es seleccionar todas las capas y usar *Edición > Alinear capas automáticamente* que nos va a encajar todos los píxeles de las capas entre ellas.

Hecho esto, toca realizar las selecciones de todas las partes de la imagen. Realizar todos los trazados al inicio nos ahorrará trabajo después y nos permitirá trabajar de una forma más metódica y sencilla. En este caso, vamos a hacer una selección del *bolígrafo entero*, una solo de la parte inferior metálica y otra del capuchón. Si os fijáis, haciendo la selección del *bolígrafo entero*, tendremos la parte exterior de las otras dos, así que el trabajo será sencillo. En el capítulo siguiente veremos los diferentes métodos de trazado disponibles.

El siguiente paso es crear un grupo para cada capa y añadir una máscara de capa con el trazado correspondiente. Al crear todos los grupos con las máscaras de capa, y al estar preparando una fotografía que irá con el fondo recortado, el fondo nos quedará transparente. En estos casos, siempre opto por crear una capa de ajuste de color sólido debajo de todos los grupos.

Habitualmente, en el tipo de fotografías que realizo, el siguiente paso es preparar separaciones de frecuencia para cada capa del archivo. Esto nos permitirá limpiar y corregir la textura y el color de la fotografía de manera profesional y obtener muy buenos resultados. Un poco más adelante veremos con detalle qué es la separación de frecuencias y cómo usarla.

Por lo general, creo separaciones de frecuencia separadas para cada capa. La ventaja es que trabajas cada zona por separado y siempre tienes la opción de volver al inicio de una sola parte de la fotografía sin destruir el resto. También presenta un problema, y es que el tamaño del archivo crece bastante y puede ralentizarnos el ordenador. Si ocurre, podemos agrupar las capas y crear una sola separación de frecuencias.

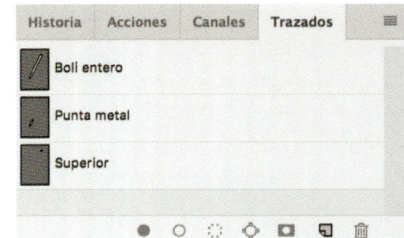

Trazados renombrados y guardados para tenerlos disponibles durante todo el proceso.

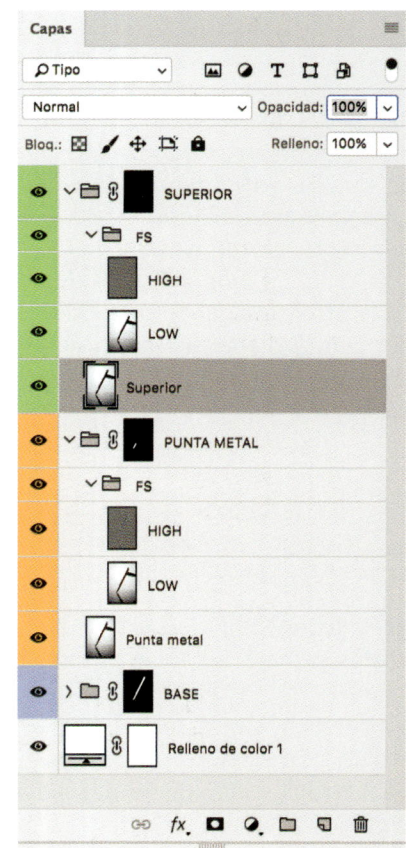

Aquí podemos ver todas las capas agrupadas y, dentro de cada grupo, la separación de frecuencias.

Todo este proceso puede parecer pesado pero, con el tiempo, me he dado cuenta de que es el más efectivo. Todos los pasos son sencillos y mecánicos, reducirán el tiempo durante la edición y nos facilitarán las cosas si tenemos que hacer algún cambio *a posteriori*. Aun así, cada fotógrafo debe adaptarlo a sus necesidades añadiendo o quitando pasos según lo requiera el proyecto.

TRAZADOS Y SILUETEADO

Hemos visto en el apartado anterior que una de las primeras tareas es trazar todas las partes de la fotografía que necesitaremos después. Esto nos permite hacer el trabajo solo una vez, ya que este trazado lo podremos usar y transformar tantas veces como queramos durante el proceso.

Hay muchos métodos para realizar selecciones en Photoshop aunque la mejor es, sin duda, la pluma. Es cierto que la pluma suele asustar un poco y aprender a usarla lleva su tiempo, pero es la herramienta más potente de la que disponemos, ya que nos permite realizar trazados muy precisos y, con el tiempo, los podremos hacer rápidamente.

Existen varios tipos de pluma; además de la *pluma normal*, encontramos la *pluma de forma libre*, que nos permite dibujar un trazado de forma libre a modo de lápiz, o la *pluma de curvatura* que, al ir haciendo puntos en la imagen, crea un trazado curvo sin vértices. Para el tipo de selecciones que haremos, lo mejor es usar la *pluma estándar*.

Para dibujar con la pluma, debemos empezar creando un punto de ancla haciendo clic en el punto de inicio del trazado (sin arrastrar). Desplazamos el cursor hasta donde queramos realizar un segundo punto, hacemos clic y se creará una línea recta. Podemos seguir haciendo puntos y cerrar el trazado en el punto de inicio, creando así un trazado hecho con líneas rectas.

Los trazados rectilíneos no son excesivamente útiles, ya que, en la mayoría de los casos, necesitaremos tener la posibilidad de crear curvas para seguir formas y contornos de los objetos. En este caso tendremos que crear un punto haciendo clic y, mientras mantenemos presionado el ratón, arrastramos hacia los lados. Veremos que se crean dos líneas unidas al punto de ancla, llamadas *líneas de dirección*, que nos permitirán definir la curva del trazado. Estas líneas definen el ángulo de llegada del trazado y de salida hacia el siguiente punto. Por lo general, se mueven juntas, aunque veremos que se pueden mover por separado para crear vértices.

Si una vez realizado el trazado queremos reajustarlo, podemos variar tanto la posición de los puntos de ancla como la curva de los mismos. Para desplazar la posición de un punto de ancla, podemos hacer clic mientras pulsamos la tecla *cmd* (Mac) o *ctrl* (Windows). Para reajustar la curva, haremos clic sobre una de las líneas de dirección pulsando la tecla *cmd* (Mac) o *ctrl* (Windows). Esto moverá las dos líneas de dirección. Si solo queremos reajustar una de las dos líneas, pulsaremos la tecla *Opción* para crear vértices.

Una vez creado el trazado, en el panel de trazados nos aparecerá como *Trazado de trabajo*. Haciendo doble clic sobre él, podremos renombrarlo y guardarlo para más adelante.

La única forma de entender y aprender a usar la pluma es con la práctica. Requiere paciencia para saber cómo funcionan las opciones que tenemos. Lleva varias horas conseguir un ritmo de trabajo adecuado, pero el esfuerzo vale la pena.

Aparte de la pluma, existen otros métodos de selección que repasaremos ahora:

_**Lazo**. Quizá sea la herramienta de selección más popular e incluye tres formas de trabajar. El *lazo normal* funciona como un lápiz con el que puedes dibujar una selección de forma libre. El *lazo poligonal* permite crear puntos que se van uniendo (manteniendo líneas rectas entre los puntos). El *lazo magnético* es inteligente, crea puntos de forma inteligente cuando se pasa el cursor por encima de líneas y contornos. La combinación de las tres herramientas puede ser bastante útil para crear selecciones que después podemos convertir en trazado. Para convertir una selección en trazado, tenemos que ir al panel de trazados y, en la parte inferior, hacer clic en la opción *Hacer trazado de trabajo desde selección*. Esto nos permitirá guardar el trazado para usarlo más adelante.

_**Varita mágica y selección rápida**. Ambas herramientas permiten hacer selecciones rápidamente de forma automática. En general, no me suelen gustar las selecciones que realiza, ya que en muchos casos me encuentro saltos o excesiva falta de suavidad. Solo las uso para hacer pruebas de montaje cuando quiero eliminar el fondo de una fotografía rápidamente.

LIMPIEZA DE LA IMAGEN

La limpieza de una fotografía consiste en solucionar todos los defectos, problemas o imperfecciones de los elementos fotografiados. Esto puede consistir en eliminar dos pequeñas motas de polvo sobre una botella o solucionar problemas más complicados, como huellas, suciedad, etc.

Hay muchas maneras de limpiar una fotografía aunque, quizá, las herramientas más usadas son el *tampón de clonar*, el *parche* y el *pincel corrector*. Veamos cómo funciona cada uno:

_**Tampón de clonar**. Como su nombre indica, nos permite reproducir una zona de la imagen en otra zona. Funciona como un pincel y podemos ajustar la dureza, así como la forma. Con la herramienta seleccionada y pulsando la tecla *Alt*, se muestrea la parte de la que queramos clonar información. Soltando la tecla *Alt* clonamos en la zona deseada. Es una herramienta útil si queremos reproducir zonas con colores y luminosidad similares.

_**Parche**. Así como el tampón funciona como un pincel, en el caso del parche funciona como una selección. Con el ratón pulsado, dibujamos una selección de la zona que queramos corregir y, después, arrastramos la zona seleccionada hacia la zona que queramos clonar. Cuando lo veamos bien, dejamos el ratón y la selección se fusionará con los píxeles de alrededor e intentará igualar la textura, el color y la luminosidad. Es un método muy efectivo con zonas irregulares, aunque si el contorno tiene mucha textura, acostumbra a fallar y no responde correctamente.

_**Pincel corrector**. Esta herramienta es una mezcla de las dos anteriores. Funciona como un pincel, igual que el tampón, y la zona clonada se fusiona con los píxeles de alrededor, como el parche. La herramienta tiene dos variantes, una que funciona con muestreo y otra en la que no hace falta hacerlo. La primera es más precisa, aunque la segunda es muy útil cuando clonas motas de polvo sobre superficies más o menos homogéneas.

SEPARACIÓN DE FRECUENCIAS

Aunque la separación de frecuencias podría ir en el apartado "Limpieza de la imagen", es una técnica tan especial y potente que creo que merece un capítulo aparte.

La separación de frecuencias suele ir relacionada con la fotografía de *beauty* o retrato, ya que es muy efectiva para el retoque de pieles. En el mundo de la fotografía de bodegón no es tan conocida aunque, para mí, es imprescindible.

La separación de frecuencias consiste en separar la textura y el color de una imagen en dos capas distintas que, vistas juntas, forman exactamente la misma imagen que la inicial. Con esto podemos retocar una sin afectar a la otra y nos permite ser más precisos con nuestro retoque.

El proceso es un poco largo, pero es muy sencillo si creas una acción para hacerlo automáticamente.

1. Crear un grupo llamado FS (puedes usar el nombre que quieras).
2. Duplicar la capa original, añadirla dentro del grupo FS y duplicarla otra vez.
3. Renombrar la capa inferior del grupo a *low* y aplicar *Filtro > Ruido > Mediana*.

Antes, este paso se solía hacer con *Desenfoque gaussiano* pero este destruye los contornos de los elementos, mientras que *Mediana* los mantiene. El valor de *Mediana* dependerá del tipo de fotografía. El objetivo es eliminar las altas frecuencias de la capa y siempre se ajustará según lo que queramos hacer desaparecer. En la mayoría de los casos, entre 8 y 12 puede ser un buen rango.

4. Renombrar la capa superior con *high*, *Imagen > Aplicar imagen*.
   _ Fuente: archivo actual
   _ Capa: *low*
   _ Canal: RGB
   _ Fusión: Restar
   _ Escala: 2
   _ Desplazamiento: 128

El resto de las opciones tienen que quedar sin activar. Pulsamos *Ok* y cambiamos la opción de fusión de la capa a *Luz lineal*.

Con esto ya tenemos la separación hecha. Para comprobar si lo hemos hecho bien, bastará con activar y desactivar el grupo creado para compararlo con la capa original. No tendríamos que ver ni el más mínimo cambio entre el original y la separación.

Trabajar con ella es sencillo. Con la capa *low*, la mejor herramienta es el *Pincel mezclador*. Con cada pincelada, conseguimos arrastrar y fusionar colores cercanos, haciendo transiciones más suaves y eliminando arrugas o imperfecciones.

Al usar el pincel, tenemos que configurarlo con el *Espaciado* al mínimo, activada la función *Limpiar el pincel después de cada trazo*, la *Humedad*, *Carga*, *Mezcla* y *Flujo* al 100 % y, si trabajamos con tableta, tener activada la presión de la tableta. Para ajustar la intensidad de cada trazo, subiremos y bajaremos la humedad.

Con la capa *high* podemos usar herramientas de clonado como el tampón o el pincel corrector. Al no tener que preocuparnos demasiado del color, ya que en la capa *high* solo contiene textura, podemos actuar de forma rápida y sin excesivas preocupaciones.

Vamos a ver un ejemplo real del uso de la separación de frecuencias. Es una fotografía de un cóctel sobre fondo blanco donde vemos gotas y pequeñas manchas en el cristal, así como algunos reflejos extraños en la parte derecha del líquido. Para corregir los defectos y gotas del vaso, trabajaremos la capa *high* para eliminar la textura y en las gotas más grandes tendremos que usar el pincel corrector en la capa *low* para eliminar los restos de la gota.

LA POSPRODUCCIÓN

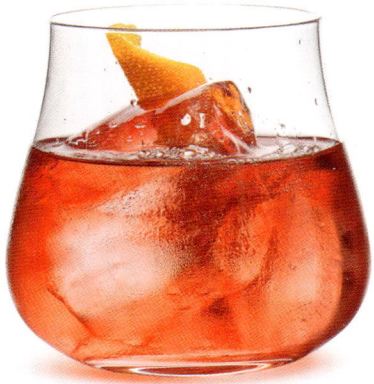 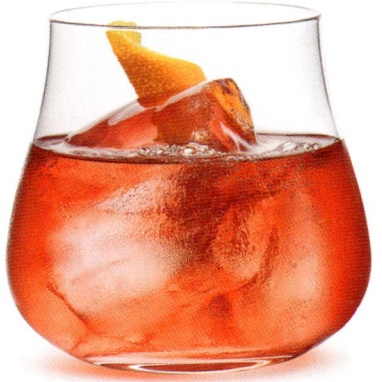

En la primera muestra, vemos que la parte superior del vaso está llena de gotitas y tiene algunas rayadas. También se puede ver el tono oscuro de la zona derecha del líquido. En el segundo ejemplo ya no hay manchas en el cristal y el color de la zona derecha se ha igualado con el resto.

En el caso de la zona oscura de la derecha del líquido, tendremos que trabajar la capa *low* para "arrastrar" color rojo por toda la zona. En principio, no hará falta tocar la capa *high*, ya que la textura de la zona es correcta.

DODGE AND BURN

Dodge and burn es una técnica usada desde los tiempos de la fotografía química que permite ajustar la exposición de forma local en la imagen. Actualmente es muy usada en fotografía de moda y retrato y el uso excesivo por parte de algunos fotógrafos le ha dado cierta mala fama.

Dodge and burn se puede traducir como 'aclarar y oscurecer' y, básicamente, se trata de eso; de aclarar y oscurecer partes concretas de una fotografía para realzar o reducir contornos o texturas. Así como en retrato se suele usar para realzar y esculpir algunas formas, en producto se suele usar más como mecanismo para arreglar defectos combinado junto con la separación de frecuencias.

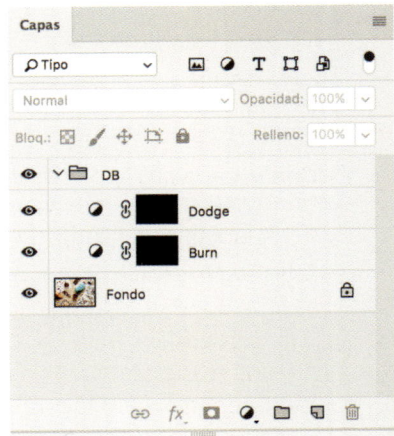

Dos capas creadas con modo de fusión *Luminosidad* y dentro de un mismo grupo.

El proceso de trabajo es muy sencillo: creamos dos capas de ajuste de curvas, una llamada *Dodge* (para aclarar) y otra llamada *Burn* (para oscurecer). En el modo de fusión de las capas de ajuste, lo mejor es usar *Luminosidad*, ya que así evitamos un cambio en la saturación de los colores. Las podemos agrupar para moverlas fácilmente.

Vamos a ajustar ahora cada capa. Básicamente, queremos aumentar la luminosidad en la curva *Dodge*, y bajarla en *Burn*. Además, invertiremos la máscara para dejarla en negro. En las siguientes capturas podéis ver la curva creada, desde el centro hacia arriba y abajo:

A partir de aquí, usando un pincel pequeño, suave y a una opacidad muy baja (5-7 %) iremos pintando en cada una de las capas de ajuste las zonas que queramos corregir. A veces, si el trabajo es complejo, podemos crear una segunda capa con una curva más intensa. Esta segunda capa con más intensidad la podéis renombrar como *Dodge+* o *Burn+*.

Es un proceso que, a veces, puede resultar complicado, ya que no siempre se ven los saltos de luminosidad. Por eso a veces podemos crear capas para resaltar los defectos de una imagen o para quitar distracciones. Yo llamo a este tipo de capas *visualizadores*, normalmente abreviados como *VISU*. En este caso, habitualmente creo una capa de *Tono/Saturación* y bajo la saturación al mínimo. Con esta capa conseguimos quedarnos solo con la luminosidad de la fotografía y así ver claramente cualquier salto o variación de gris. Una vez acabado el proceso, eliminamos la capa de saturación y listo.

LICUADO

El licuado permite deformar varias partes de una fotografía. Permite arrastrar, hinchar, desplazar, etc. una parte de una fotografía para modificar su forma o tamaño. Conseguir un buen resultado con

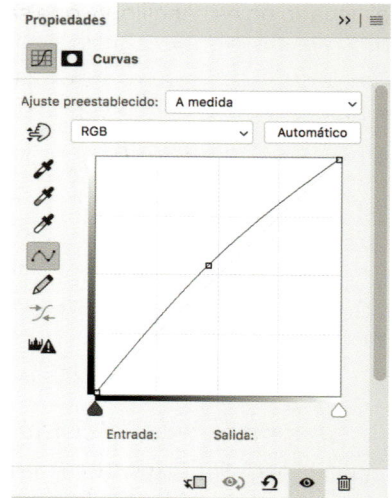

Curva *Dodge* creada con un solo punto centrado.

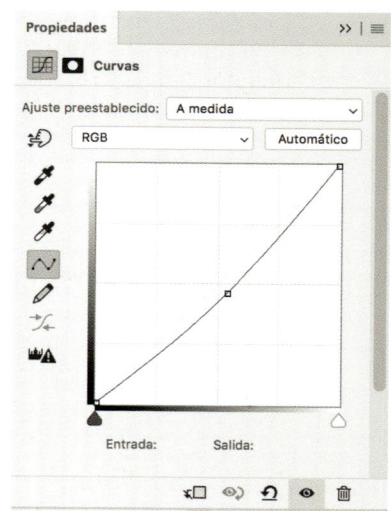

Curva *Burn* creada con una curva invertida muy similar a la primera.

el licuado no es sencillo, ya que se deben conocer bien las diferentes herramientas que existen dentro del filtro y es muy fácil pasarse y provocar un resultado irreal. Esta es la herramienta que se usa en moda para adelgazar a modelos o cambiar sus proporciones (y también crea las aberraciones que vemos a menudo en algunas revistas).

En fotografía de producto, el licuado nos puede ser útil para perfilar o corregir alguna forma de un elemento en una imagen y los cambios, por lo general, siempre serán bastante sutiles.

Lo primero es acceder al panel del filtro que se encuentra en *Filtros > Licuar...* o con las teclas *cmd + shift + X* en Mac o *ctrl + shift + X* en Windows.

En el lateral izquierdo encontramos diferentes herramientas que podemos usar:

_**Deformar hacia adelante**. Con esta herramienta, puedes arrastrar píxeles en la misma dirección que mueves el pincel. Es la herramienta básica del licuado y te permite corregir contornos y formas.

_**Reconstruir**. Permite deshacer los cambios hechos con cualquier otra herramienta del panel y volver al estado original.

_**Suavizar**. Esta herramienta consigue suavizar los contornos irregulares o líneas que han quedado un poco movidas al usar alguna de las herramientas de deformación. Es interesante hacer alguna prueba para conseguir contornos más regulares y sin vibraciones.

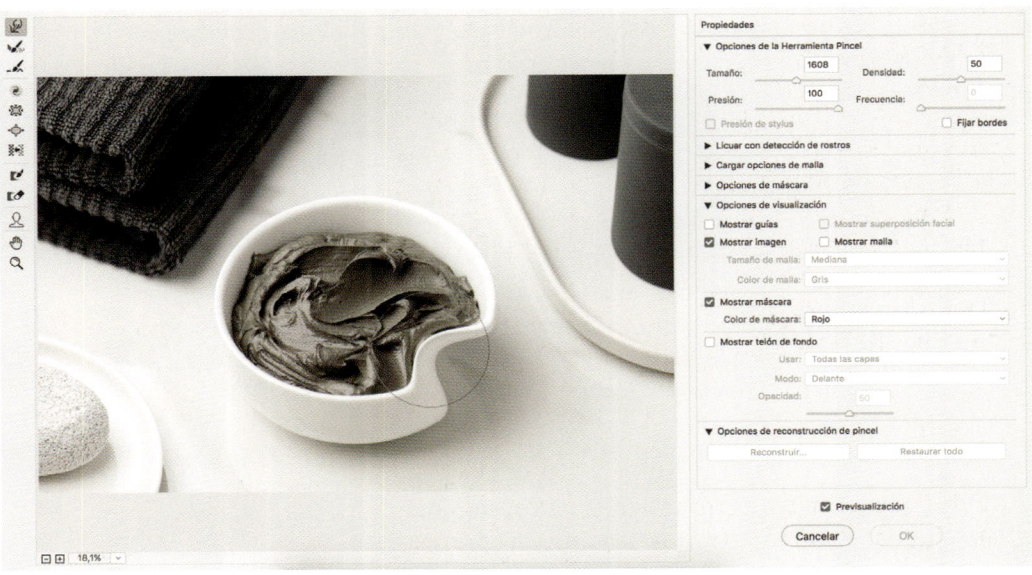

Con la herramienta *Deformar hacia adelante*, al hacer clic y arrastrar la imagen se deforma siguiendo el curso del ratón. La cantidad de arrastre dependerá de la presión.

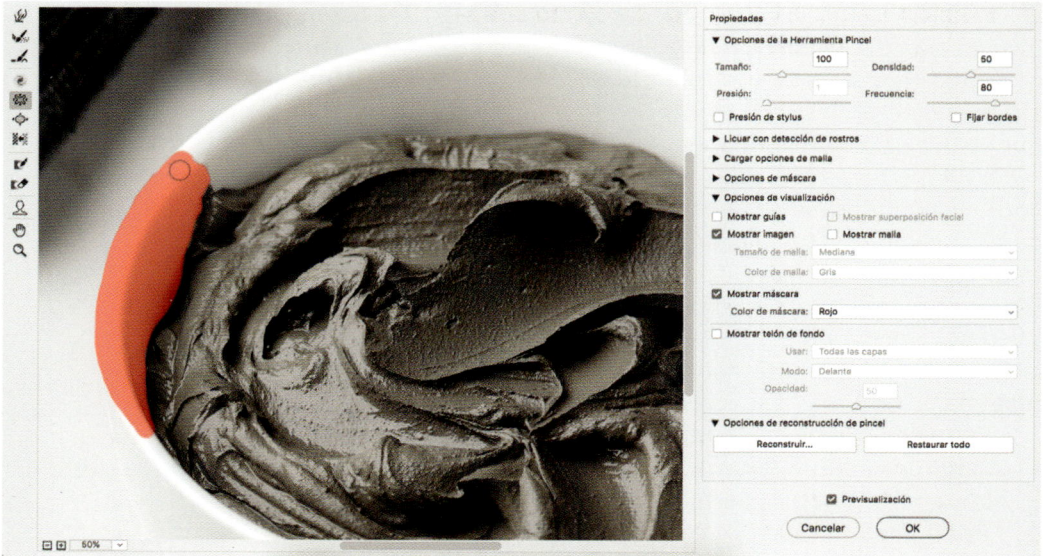

Al pintar una máscara encima de una zona de la imagen, evitamos que se deforme al licuar una zona próxima.

_**Molinete**. Crea una deformación en espiral en el sentido de las agujas del reloj. Para hacerlo en el sentido contrario de las agujas del reloj se puede pulsar la tecla *Alt*. Esta herramienta no tiene mucha utilidad en fotografía de producto.
_**Desinflar**. Desplaza los píxeles dentro del círculo del pincel hacía el centro mientras pulsas con el ratón.
_**Inflar**. Crea el efecto contrario que la herramienta anterior. Desplaza hacia fuera los píxeles dentro del círculo del pincel.
_**Empujar**. Desplaza los píxeles a la izquierda cuando arrastras el cursor hacia arriba, y a la derecha cuando lo arrastras hacia abajo. Puedes invertir el efecto usando la tecla *Alt*.
_**Congelar y descongelar máscara**. Permite crear una máscara para proteger un área de la fotografía que no queramos deformar. Es útil, por ejemplo, cuando quieres deformar un elemento sin afectar al fondo.

En el panel derecho tenemos muchos desplegables con opciones, aunque los parámetros más básicos son las opciones de la herramienta pincel:
_**Tamaño**. Como en otras herramientas de Photoshop, define el diámetro del pincel.
_**Densidad**. Define el degradado desde el centro hasta el borde del pincel.

_**Presión**. Controla la cantidad de efecto que se obtendrá. Al usar presiones bajas, se puede controlar mejor la deformación.

FOCUS STACKING

Una vez tomadas las fotografías y reveladas, necesitaremos un software para montar el apilado. Podemos usar Photoshop, que ofrece una herramienta para ello u otro programa específico de *stacking*. Vamos a centrarnos en Photoshop, que funciona bastante bien.

1. Tenemos que abrir todas las exposiciones en un mismo archivo. Para ello, lo más rápido es ir a *Archivo > Secuencias de comandos > Cargar archivos en pila*. Cargamos todos los archivos que queramos apilar y aceptamos.
2. Comprobamos que las capas con los archivos estén ordenadas de forma secuencial con el enfoque más cercano a cámara encima de las capas y el más lejano abajo.
3. Vamos a *Edición > Alinear capas automáticamente* y dejamos la proyección automática. Esto nos ajustará las capas para que estén perfectamente alineadas y el apilado funcione.
4. Volvemos a *Edición > Fusionar capas automáticamente*, seleccionamos *Apilar imágenes* y dejamos las dos opciones de *Tonos y colores homogéneos* y *Áreas transparentes de relleno según contenido* aplicados.
5. Ya tenemos el apilado hecho. Fijaos que Photoshop ha creado máscaras de capa para cada fotografía y una capa con todo el apilado acoplado. Esto nos permite corregir manualmente la máscara si vemos algún fallo.

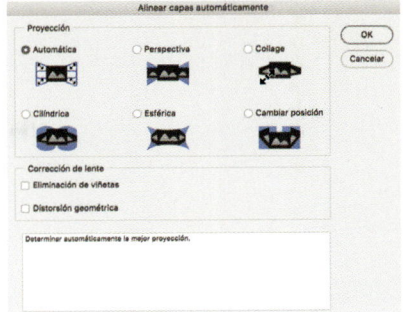

Panel de alinear capas automáticamente con la proyección automática.

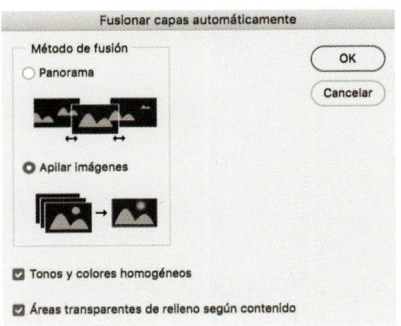

Panel de *Fusionar capas automáticamente* con el modo *Apilar imágenes*.

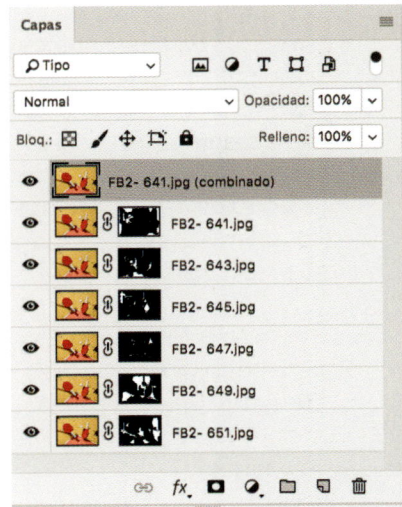

Resultado del apilado con todas las capas separadas con sus máscaras.

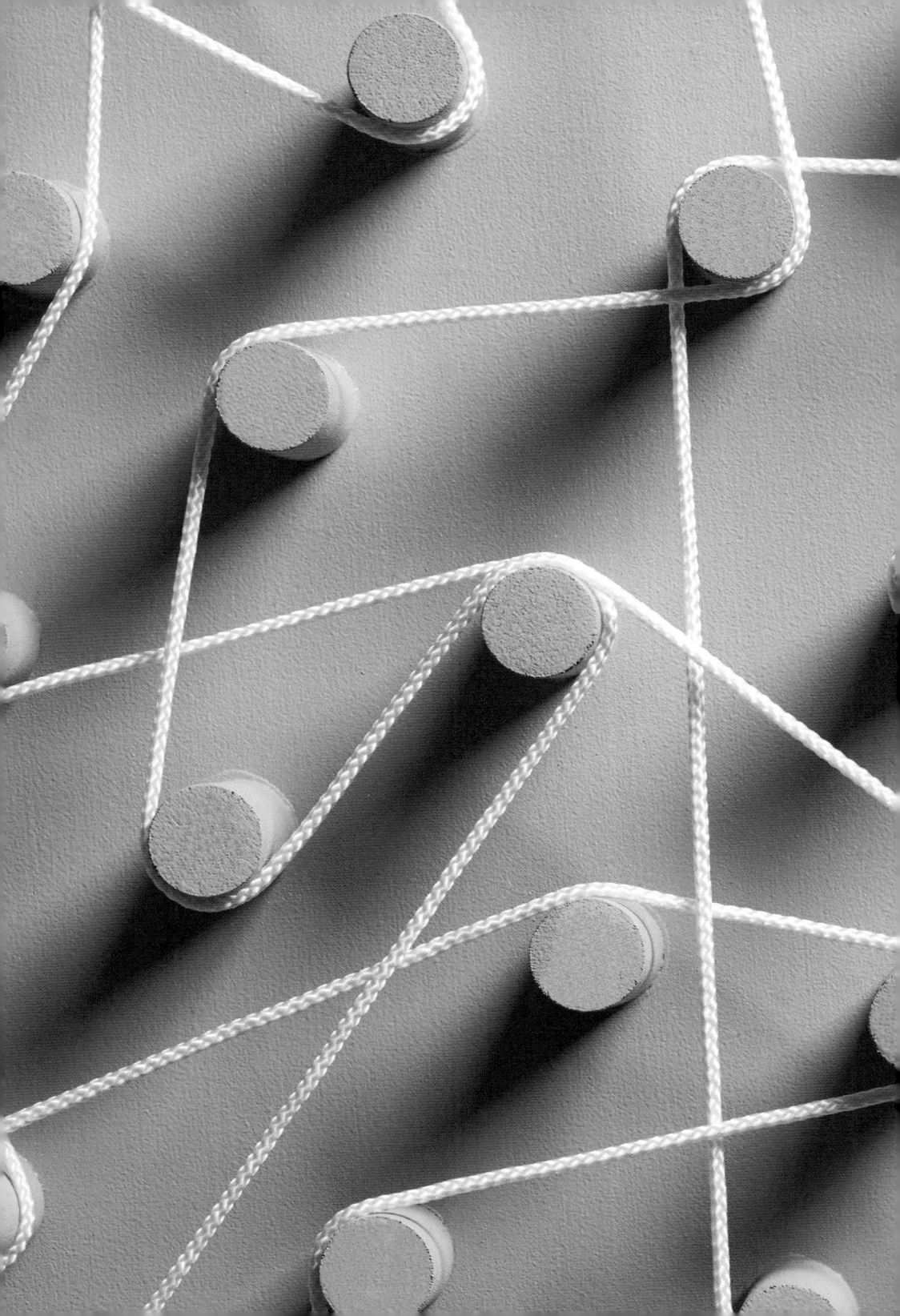

LA EXPORTACIÓN Y GESTIÓN DE ARCHIVOS

EXPORTACIÓN

La entrega de nuestro trabajo a un cliente es importante para la percepción que van a tener de él: que no falten archivos, que estén en el tamaño correcto o que el espacio de color sea el acordado.

A menudo nuestros clientes no tienen conocimientos técnicos de fotografía o formatos y será bueno facilitarles las cosas. Además, en la mayoría de los casos, una reducción del ancho de las fotos nos va a suponer un pequeñísimo esfuerzo comparado con el que pueden tener ellos.

Veamos cómo exportar archivos de forma óptima tanto en Capture One como en Lightroom.

EXPORTACIÓN EN CAPTURE ONE

La exportación en Capture One está integrada en el panel izquierdo del programa. En el subpanel del engranaje encontramos toda la información relativa a la exportación.

En la parte superior vemos el panel *Fórmulas de proceso*, en él podemos crear fórmulas de exportación predeterminadas para facilitar y automatizar el trabajo. Para crear una fórmula, hacemos clic en el botón + y le asignamos un nombre, por ejemplo "AdobeRGB_TIFF-16bit". En el siguiente panel podemos decidir cómo se van a exportar estas fotografías. En el caso de nuestro ejemplo, el formato va a ser TIFF a 16 bits, la calidad al 100 %, el perfil de color Adobe RGB, una resolución de 300 ppi, sin escalar y que no se abra con ninguna aplicación. Dentro de la herramienta hay unas pestañas que nos ofrecen más opciones, como añadir un subnombre o ubicar esta exportación dentro de una subcarpeta. En nuestro caso, vamos a hacer que esta exportación se haga en una subcarpeta que llamaremos "RGB-tiff-16", para tenerlas agrupadas. Además de estas opciones, podemos decidir qué metadatos se van a añadir a la fotografía o si queremos añadir una marca de agua.

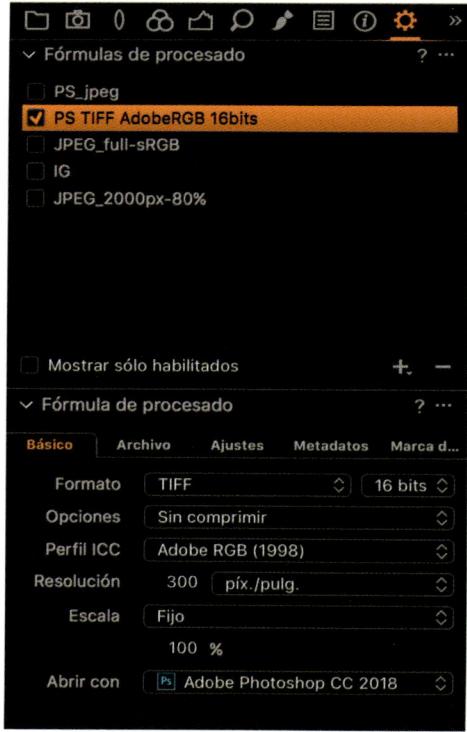

Subpanel de exportación de Capture One.

En el menú de debajo podemos cambiar el nombre del archivo al exportar así como la ubicación de la exportación. En mi caso suelo dejarlo todo tal cual está y siempre guardo la exportación en la carpeta *Output*.

Lo bueno de estas fórmulas es que, si queremos exportar las fotografías de cuatro formas distintas, podemos tenerlas seleccionadas en el menú *Fórmulas de proceso* y, al pulsar el botón *Procesar* de la herramienta *Resumen del proceso*, se van a exportar a la vez.

EXPORTACIÓN EN LIGHTROOM

Para exportar fotografías en Lightroom, tenemos que ir a *Archivo > Exportar* o directamente desde el botón del menú izquierdo del programa. Aparece una ventana donde tenemos todas las opciones.

Dentro del panel de exportación podemos escoger la ubicación de los archivos exportados, si queremos ubicarlos en una carpeta nueva, renombrarlos, etc. Nos permite también cambiar el tamaño, el formato, espacio de color y calidad. También nos da la opción de añadir una marca de agua o de abrir estos archivos en otro programa de forma automática.

Podemos guardar ajustes de exportación que usemos habitualmente añadiendo un ajuste preestablecido.

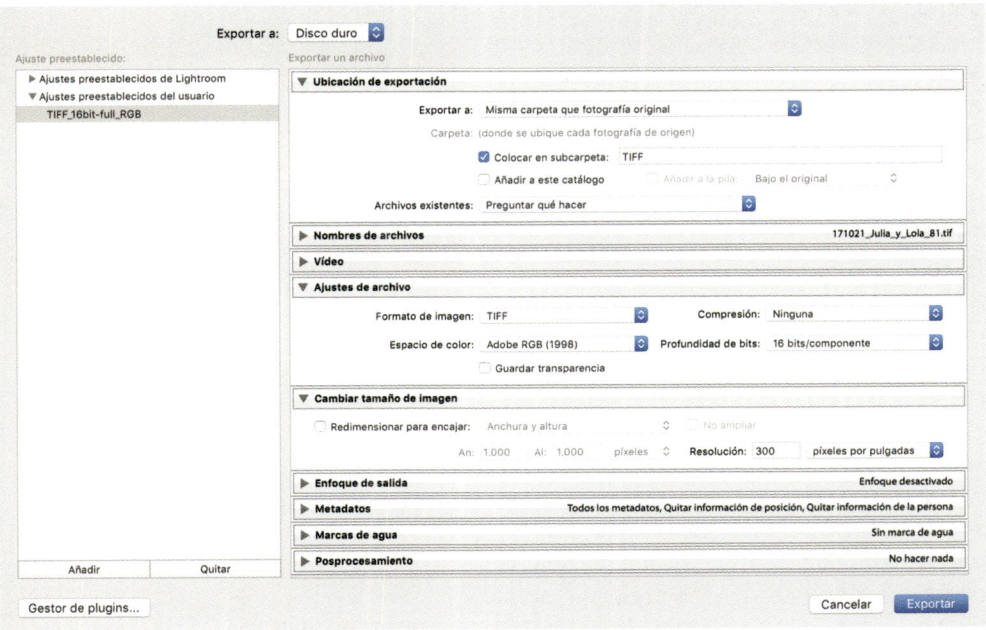

Ventana de exportación de Lightroom.

GESTIÓN DEL ARCHIVO

Uno de los mayores problemas a los que nos podemos enfrentar con el tiempo es cómo gestionar nuestro propio archivo fotográfico. En este capítulo veremos algunas recomendaciones para optimizar y asegurar nuestro trabajo.

A menudo me encuentro a fotógrafos que confían en su portátil para guardar sus trabajos. No tienen en cuenta lo fácil que es que se caiga y se pierda la información del disco duro, que te lo roben, etc. Si eres un profesional de la fotografía, no puedes permitirte un error así. Tampoco sirve tener un disco duro externo con todo tu archivo, ya que se puede estropear, igual que el portátil.

Para realizar copias de seguridad, tenemos varias opciones:
_**Discos duros**. Son los más versátiles, ya que los puedes encontrar con capacidades diferentes y el precio/gb es bueno. Los fallos en los discos duros pueden darse, y son sensibles a golpes. Además, pueden sufrir ataques de virus que destruyan todo el disco, ya que, una vez hecha la copia de seguridad pueden sobrescribirse de nuevo. Normalmente trabajo combinando discos duros externos (para el día a día) con discos duros internos (para mi archivo) que conecto a mi ordenador a través de una base o *dock* de discos, un proceso bastante sencillo.

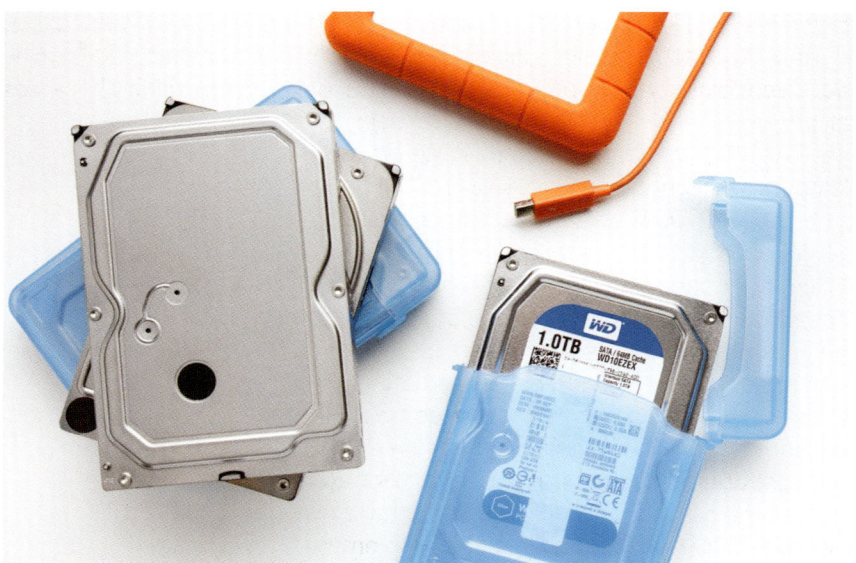

Varios discos duros usados como copias de seguridad.

Con los discos duros también tenemos opciones de montar varios discos como RAID (acrónimo en inglés que se traduce como 'matriz independiente de discos independientes') que te permiten, gracias al software, usar estos discos como si fueran uno solo, tienen mayor tolerancia a los fallos o errores y aumentan el rendimiento. Existen diferentes tipos de RAID en función de los discos usados y de cómo se comportan. Por ejemplo, el más habitual es el RAID1, donde se usan dos discos que son espejos entre ellos. Con esto, si un disco falla, no perderemos la información y podremos sustituir el disco estropeado por uno nuevo. Así como la mayoría de los sistemas RAID mejoran la seguridad de los archivos, el RAID0 es un sistema de dos discos donde solo se busca una mejora del rendimiento, no de la seguridad, así que es un mal sistema para el almacenaje de nuestras fotografías.

_**Servicios en la nube**. Cómodos, aunque, bajo mi punto de vista, más inseguros, ya que dependemos de un tercero (la web puede cerrar, pueden tener un fallo en los servidores, etc.). El precio es más elevado que un disco duro, aunque los precios actuales son bastante razonables. Tienen la ventaja de que te permiten acceder a tu archivo de forma remota, estés donde estés.

Mi proceso de trabajo es bastante mecánico. Esto me permite no estar constantemente pensando en si está o no hecha la copia de seguridad de X archivo y me evita posibles errores (aunque pueden ocurrir).

Cuando disparo, el 99 % de las veces conectado a mi portátil, archivo todas las fotos en el portátil y, al acabar el *shooting* (o incluso varias veces durante la jornada), realizo una copia de seguridad en un disco duro externo. Cuando acabo la sesión, intento guardar el trabajo en sitios diferentes, el ordenador y el disco duro (por si roban el equipo, etc.) y a menudo mi asistente se lleva la copia de seguridad a su casa.

Una vez llego al estudio, el primer paso es volcar todo el trabajo en el ordenador de sobremesa y hacer una copia automática (con Time Machine de Apple o Carbon Copy Cloner) en un Raid1. Hecho esto, me pongo a trabajar con el proyecto y, cuando acabo, lo dejo en el Raid1 hasta que acaba el año, y creo tres copias de seguridad de la sesión en discos duros que generalmente separo por años. Dos de estas copias las tengo en el estudio y la tercera siempre la guardo fuera para evitar problemas que pudieran pasar en el estudio.

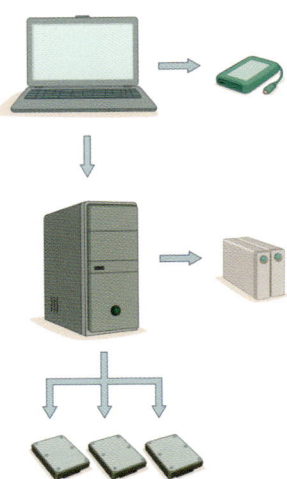

Fotografías: Martí Sans
Ilustraciones: Xènia Besora
Diseño gráfico: Toni Cabré/Editorial Gustavo Gili, SL

1ª edición, 2ª tirada, 2019

Cualquier forma de reproducción, distribución, comunicación pública o transformación de esta obra solo puede ser realizada con la autorización de sus titulares, salvo excepción prevista por la ley. Diríjase a CEDRO (Centro Español de Derechos Reprográficos, www.cedro.org) si necesita fotocopiar o escanear algún fragmento de esta obra.

La Editorial no se pronuncia, ni expresa ni implícitamente, respecto a la exactitud de la información contenida en este libro, razón por la cual no puede asumir ningún tipo de responsabilidad en caso de error u omisión.

© texto y fotografías: Martí Sans, 2018
para la edición castellana:
© Editorial Gustavo Gili, SL, Barcelona, 2018

Printed in Spain
ISBN: 978-84-252-3133-9
Depósito legal: B. 27833-2018
Impresión: Gráficas 94, Sant Quirze del Vallès (Barcelona)

Editorial Gustavo Gili, SL
Via Laietana 47, 2.º, 08003 Barcelona, España.
Tel.: (+34) 93 322 81 61
Valle de Bravo 21, 53050 Naucalpan, México.
Tel.: (+52) 55 55 60 60 11